COCINANDO CON

Marcela

RECETAS DEL ABUELO ORIELLO
COMIDA RÚSTICA ITALIANA

MARCELA MADRAZO ORRANTIA

Ibukku es una editorial de autopublicación. El contenido de esta obra es responsabilidad del autor y no refleja necesariamente las opiniones de la casa editora. Las imágenes incluídas fueron proporcionadas por el autor, quien es el único responsable sobre los derechos de las mismas.

Publicado por Ibukku
www.ibukku.com
Copyright © 2016 Marcela Madrazo Orrantia
All rights reserved.
ISBN Paperback: 978-1-946035-38-7
ISBN E-book: 978-1-946035-39-4
Library of Congress Control Number: 2016961573

Índice

Nací en la Ciudad de México pero desde hace veintidós años vivo en Italia. Vine a estudiar artes plásticas en Florencia y fue ahí cuando conocí a mi marido Alessandro de quien me enamoré de inmediato y de su hermosísimo país. Llevamos veinte años de casados y tenemos dos hermosas hijas: Giulia y Camilla.

Viviendo en Italia he descubierto mi pasión por la cocina la cual se ha convertido en una aventura. Escoger los ingredientes y experimentar platillos nuevos ha sido increíble. He hecho mía la cocina tradicional italiana y he descubierto que cocinando nunca terminas de aprender.

Mi pasión también es la pintura al óleo; me gusta pintar paisajes toscanos y las flores en primavera.

Amo vivir en Italia, sobre todo en la Toscana, un lugar lleno de tradiciones y entre ellas las culinarias.

Espero disfrutes todas estas recetas con la misma pasión y emoción con las que te las comparto.

Este libro incluye 68 recetas italianas del abuelo Oriello quien generosamente me ha compartido durante varios años.

Es un tesoro que te hará vivir las tradiciones de los antiguos sabores de la cocina rústica.

Son recetas muy sencillas y fáciles de preparar a base de ingredientes frescos, capaces de transportarte a un hogar típico de una familia italiana.

Viaja con tu mente a este maravilloso país y déjate enamorar por los olores, sabores y colores que vas a descubrir y que te transportarán en el tiempo.

Te invito a ser parte de este legado familiar para que tú también atesores cada uno de los platillos que vas a experimentar y que con tanto gusto pongo en tus manos.

¡Manos a la obra y "Buon appetito"!

Marcela

Introducción

Este libro fue creado para mantener la tradición de la genuina cocina italiana en mi familia y para que mis futuras generaciones aprendan a cocinar recetas caceras fáciles, utilizando ingredientes frescos. Nací en México, pero vivo en Lucca, Italia desde 1996, una ciudad medieval amurallada muy bonita en el corazón de la Toscana.

Cuando llegué a vivir a Italia no sabía cocinar nada, pero con el tiempo empecé a tomarle gusto a la cocina y a aprender nuevos platillos.

Estoy muy contenta por tener la oportunidad de aprender, degustar y escribir las recetas de mi suegro Oriello; pero sobre todo me emociona escribir este libro para mis hijas Giulia y Camilla quienes, estoy segura, llegarán a ser unas magníficas cocineras. Quiero dejar impresos todos los secretos de cada platillo preparados con tanto amor y pasión para que más adelante pasen a nuestras futuras generaciones.

Cada momento de preparación ha sido emocionante, descubrí secretos en cada receta y el "toque mágico" que hace de cada platillo algo muy especial. Lo más divertido y placentero de todo es "el gran final": ese momento cuando llevas el plato a la mesa y percibes la alegría de todos y cómo se les hace "agua la boca".

Considero importante recurrir a la "famosa receta de la abuelita" y mantener así las tradiciones culinarias de las familias las cuales se están perdiendo en esta generación por la falta de tiempo que se tiene para cocinar. Muchas veces es más fácil comprar comida preparada o la llamada "comida chatarra" cuando ésta jamás se podrá comparar con un platillo o guiso cocinado en casa, con ingredientes frescos y cuyos sabores son capaces de transportarnos a lugares y recuerdos únicos de nuestra infancia o a momentos agradables de la vida con personas amadas.

En Italia, la hora de la comida es un momento muy especial para convivir y compartir en familia; los aromas, los sabores, las texturas y colores se mezclan en la mesa con gracia y armonía y van pasando así de generación en generación.

Cada platillo se sirve a la mesa, uno a la vez, no mezclando el arroz o la pasta con la carne y nunca sirviéndolos en un mismo plato; éstos se llevan a la mesa en una secuencia determinada: primero se sirve el antipasto o entremés (es el que más me gusta porque hay una gran variedad de antojitos); después sigue el primer plato que son las pastas, el arroz o las sopas; luego se sirve el segundo plato que serían las carnes o pescados con guarnición; y por último los favoritos de todos y que no pueden faltar: el postre y el café expreso o cortado.

Para acompañar la sobremesa contamos con múltiples digestivos dentro de los cuales el más usual y mi favorito es el limonchelo, un delicioso licor de limón que más adelante te explicaré cómo se prepara.

En Italia hay muchos ingredientes deliciosos para cocinar como el aceite de oliva extra virgen, los vinos, quesos, deliciosos embutidos, las aceitunas y los espectaculares tomates con un color y sabor únicos. Uno de mis pasatiempos favoritos es sembrar una gran variedad de especias en mi jardín (laurel, eneldo, albahaca, menta, salvia, romero, perejil y tomillo) y así tenerlas frescas y a la mano. Te invito a que si te es posible, tú lo hagas también.

Este libro de recetas del abuelo se lo dedico a mis hijas Giulia y Camilla, dos amantes de la buena cocina que han heredado de su padre y abuelo la pasión por cocinar y crear platillos nuevos.

Con este libro ellas podrán recordar todos aquellos momentos "vividos" en familia y transmitirlos a las generaciones venideras y quizás, con el amor que sienten también por la cocina mexicana y sus tradiciones, puedan crear una tradición única mezclando las dos bellísimas culturas.

Primero que nada agradezco a Dios por su gran amor hacia mí y por darme la idea e impulso de escribir este libro.

Agradezco a mi marido Alessandro por motivarme y por siempre darme la libertad de hacer lo que me gusta y de llevar a cabo mis pasiones. Él es una persona que aprecia la buena mesa y que le gusta comer bien y sanamente; gracias a eso ahora en mi casa cocinamos y comemos únicamente ingredientes frescos y genuinos, cocinados al punto justo.

A decir verdad, yo no sabía cocinar muy bien pero mi marido siempre me decía que aprendiera a preparar las recetas de mi suegro y me recordaba lo afortunada que era de ser enseñada por un gran chef con lecciones privadas.

Agradezco también a mis padres por su gran amor y por apoyarme en la creación de este libro y por supuesto agradezco a mi suegro Oriello por su paciencia y por dedicar su tiempo a enseñarme.

Muchas gracias a mi cuñada María Fernanda Ibarra y a mis amigas Alicia Carrera, Noemí Muñoz y Caty Rodríguez por el tiempo que dedicaron a ayudarme a corregir y realizar este libro, lo aprecio con todo mi corazón.

La verdad que sí ha sido una gran suerte tener a alguien en la familia que sea chef; es un verdadero tesoro al alcance. Todo comenzó una noche cuando me vino la inspiración: me desperté muy animada y decidí aprender a cocinar comida italiana. Fui y le pregunté a mi suegro si estaba de acuerdo y me dijo que sí, entonces pusimos manos a la obra y empezamos la gran aventura. Lo que empezó como un juego, terminó en este libro.

Para contarles un poco de mi suegro, se llama Oriello y nació en Lucca, una ciudad en la Toscana. Él es un chef italiano que empezó a cocinar a los catorce años en un restaurante en Torino donde comenzó su aventura aprendiendo y descubriendo su amor y pasión por la cocina al crear obras de arte en cada platillo con una sazón muy especial y poniéndoles su toque "mágico" único.

Más adelante fue el propietario de un típico restaurante italiano en un pueblo llamado Porcari en la Toscana y todavía ahora cocina en la cafetería de mi marido: el B-Bar (que se los recomiendo) donde se sirven desayunos, almuerzos y aperitivos deliciosos como también helados y pasteles muy ricos.

Finalmente quisiera reiterar que todos los ingredientes que vamos a utilizar son frescos y de primera calidad que sí hacen la diferencia. Te recomiendo probar los platillos con una cucharita mientras los estás cocinando, así podrás agregar sal y comprobar si están listos.

Todas las recetas que contiene este libro son fáciles de preparar por lo que te invito a que elijas alguna y empieces a degustar todos estos platillos suculentos y maravillosos.

¡Buena lectura y buen apetito!

Marcela

Salsas

Empecemos con las salsas, son las que adornan el platillo y le dan el toque final, son un complemento, metafóricamente hablando, como cuando nos vestimos y nos ponemos los aretes, collares, anillos.

Que sin ellos no estaríamos listos; lo mismo la pasta o el arroz que sin la salsa no estarían completos.

Me encanta cuando al final queda la salsa y con un pedacito de pan lo remojas en ella limpiando el plato y te lo llevas a la boca, esto se llama en italiano "scarpetta" que quiere decir "zapatilla".

Las salsas tienen una importantísima parte en el acompañamiento de los alimentos, tiene que existir una armonía entre ellos para darle mayor sabor.

Crear las salsas es todo un arte al ir mezclando ingredientes y especias con la finalidad de enriquecer y perfeccionar el gusto de cada platillo.

Según su composición, tenemos las salsas grasas a base de mantequilla o aceite de oliva extra virgen; las líquidas que se preparan con leche, caldo, jugo de carne, vino, vinagre, jugo de limón o jugo de tomate; las salsas a las que se añade verduras para darles consistencia o aquellas a las que se les agregan huevos, harinas o féculas para adensarlas. Finalmente tenemos las que llevan hierbas de olor para darles aroma y sabor según el gusto.

DIVISIÓN DE LAS SALSAS EN GRUPOS:

-Salsas compuestas de harina, mantequilla, leche, jugo de carne, vino, agua o caldo, como la salsa bechamel.

-Salsas compuestas de huevo, aceite, vinagre, huevo, mantequilla o limón (como la mayonesa).

-Salsas picantes las cuales en su composición se encuentran estos elementos: vinagre, limón, mostaza, boquerones o alcaparras, (en estas salsas son de suma importancia las hierbas aromáticas).

-Salsas que contienen como base el tomate.

Salsa bechamel

INGREDIENTES:

100 g de mantequilla
100 g harina tipo 00
1 litro de leche
Nuez moscada al gusto
Sal al gusto

Esta es la receta tradicional para preparar una rica salsa bechamel, es muy fácil de hacer. Según el uso que le vayas a dar a la bechamel, se requerirá una consistencia más densa o más líquida, por lo cual varían las proporciones de los ingredientes ya sea agregando más mantequilla, leche o harina. Esta receta es para una consistencia media.

PREPARACIÓN:

1. Vierte la leche en una olla y deja que se caliente.
2. Separadamente mete la mantequilla en otra olla a fuego medio a que se derrita.
3. Agrega a la mantequilla, la harina para que se cueza lentamente por algunos minutos, mezclando continuamente para evitar que agarre un color oscuro.
4. Agrega la leche caliente en pequeñas cantidades, mezcla con una cuchara de leña o un batidor (si quieres con un batidor eléctrico) hasta que se vuelva homogénea la salsa.
5. Agrega un poco de sal y de nuez moscada y baja el fuego a fuego lento.
6. Continúa mezclando por unos 10 minutos para que la salsa se cueza y se haga más densa y adquiera la consistencia deseada.

Si la salsa bechamel es para una lasaña o para hacer otras salsas, éstas son las cantidades justas de los ingredientes; si se quiere para amalgamar platillos que después van a ser cocidos como las croquetas, budines, etc., se necesitará hacerla más densa disminuyendo la cantidad de leche o dejándola cocer unos minutos más en el fuego hasta que adquiera la consistencia deseada.

Salsa bechamel con queso

Esta salsa es una variante de la salsa bechamel original, también es ideal para acompañar el pollo y la carne o para preparar patatas al horno o cualquier otro platillo horneado.

INGREDIENTES:

100 g de mantequilla + otros 100 g que se añaden con los quesos
100 g de harina tipo 00
1 litro de leche
Nuez moscada al gusto
30 g de queso gruyère rallado
30 g de queso parmesano rallado
Sal y pimienta al gusto

PREPARACIÓN:

1. Prepara la salsa bechamel como la receta anterior
2. Cuando la salsa bechamel esté lista agrega el queso gruyère y el parmesano ya rallados dejándolos hervir por algunos minutos, mezclándolos hasta que los quesos se hayan derretido completamente.
3. Retira la salsa del fuego y añade la mantequilla en pequeños trocitos y la pimienta, continúa mezclando.
4. Lista para servir.

Salsa bechamel con cebolla

Esta salsa es una variante de la salsa bechamel original, es ideal para utilizar en tartas saladas, pastas al horno y muchos más platillos.

INGREDIENTES:

100 g de mantequilla
100 g de harina tipo 00
1 litro de leche
Nuez moscada al gusto
400 g de cebolla
100 ml de crema o nata líquida
2 tazas de caldo de carne
Sal y pimienta al gusto

PREPARACIÓN:

1. En una olla pon una taza de caldo a calentar.
2. Corta la cebolla en trocitos.
3. En una sartén pon la mantequilla a derretir a fuego medio y agrega las cebollas.
4. Fríe las cebollas por poco tiempo sin dejar que se doren.
5. Agrega otra taza de caldo y déjalas cocer.
6. Apenas las cebollas estén cocidas, licúalas para que queden como un puré.
7. Prepara la salsa bechamel de base y apenas esté lista le agregas el puré de cebolla, mezcla y cubre con una tapa.
8. Deja que se cuezan por algunos minutos a fuego lento.
9. Agrega sal y pimienta al gusto y mezcla.
10. Quita la salsa del fuego, la pasas a una salsera y le agregas un poco de crema o nata líquida, un poco de mantequilla y mezclas bien.

Salsa mayonesa

Advertencia: para que la mayonesa sea realizada con éxito depende de 3 factores importantísimos:
Temperatura: La temperatura de todos los ingredientes, así como del recipiente, debe ser tibia.
Modo de añadir el aceite: El aceite de oliva extra virgen debe ser añadido gota a gota, poco a poco, especialmente al principio porque es este procedimiento el que va a asegurar el éxito de la salsa (te recomiendo utilizar una botella de pico estrecho).
Proporción entre el huevo y el aceite: Si la cantidad de aceite de oliva extra virgen es demasiada con respecto a la del huevo, la salsa se descompone; se necesita calcular que por cada yema de huevo se requiere un decilitro de aceite de oliva extra virgen.
Para mezclar la mayonesa se puede utilizar una batidora eléctrica o un batidor a mano.

INGREDIENTES:

2 yemas de huevo
200 ml de aceite de oliva extra virgen
1 cucharada de vinagre (también se puede usar jugo de limón)
Sal y pimienta blanca si se desea al gusto
½ limón (opcional)

PREPARACIÓN:

1. En un plato hondo pon las yemas de huevo, sin rastros de la clara y añade la sal diluida en media cucharada de vinagre para deshacer bien las yemas (si deseas puedes añadir pimienta blanca).
2. Con un batidor comienza a girar las yemas procurando mantenerlas hacia el centro del recipiente sin que se expandan en el plato.
3. Añade lentamente, gota a gota, el aceite de oliva extra virgen dejándolo caer sobre las yemas, girando con un movimiento dulce y repetitivo (no importa que el movimiento sea siempre en el mismo sentido).
4. Cuando las yemas hayan absorbido bastante aceite de oliva extra virgen, la salsa comenzará a densar; añade más vinagre o gotas de limón hasta que quede la consistencia deseada.
5. Añade más aceite de oliva extra virgen dejándolo caer poco a poco sin interrumpir y sin dejar de batir. Si la salsa se vuelve demasiado densa añade unas gotas de limón o de vinagre hasta que tenga la consistencia que buscas.

Salsa mayonesa tártara

Esta salsa es para acompañar los calamares.

INGREDIENTES:

300 g mayonesa
1 cucharadita de mostaza
1 cebollín
1 cucharada de alcaparras
1 cucharada de pepinillo en vinagre
1 cucharada picadita de perejil fresco
Sal y pimienta al gusto

PREPARACIÓN:

1. Prepara la mayonesa como en la receta anterior.
2. Pica muy bien el cebollín, muele las alcaparras y el pepinillo.
3. Agrega el cebollín, alcaparras, pepinillo y perejil picados a la mayonesa y mezcla.
4. Agrega la mostaza y mezcla.
5. Agrega sal y pimienta al gusto.
6. Tapa y métela a refrigerar hasta que llegue la hora de servir la salsa.

Salsa picante agridulce

Esta salsa la puedes utilizar con pollo, pescado o carne de cerdo o de ternera.

INGREDIENTES:

2 cucharadas de azúcar
2 hojas de laurel fresco
½ taza de vinagre
1 diente de ajo
2 cucharaditas de chocolate rallado
Sal y pimienta al gusto
Jugo de carne al gusto
Fécula de patatas o de maíz al gusto

PREPARACIÓN:

1. Mete en una olla a fuego medio el azúcar, el ajo machacado y el laurel; mezcla dejando que se haga líquida el azúcar y que adquiera una coloración dorada.
2. Agrega el vinagre y mezcla nuevamente.
3. Agrega el chocolate rallado; mezcla y deja que se cuezan un poquito a fuego lento.
4. Agrega el jugo de carne dependiendo de la cantidad que quieras utilizar.
5. Verifica el gusto de la salsa, si está demasiado dulce agrega un poquito de vinagre, si la quieres más dulce agrega otra cucharada de azúcar.
6. Al final agrega la fécula de patatas o de maíz para que dense; la cantidad varía según el gusto y de cómo se quiera la salsa (más o menos líquida).

Salsa ragú de carne

PARA 8 PERSONAS
TIEMPO DE PREPARACIÓN 2 HORAS Y 30 MINUTOS.

Esta salsa es ideal para condimentar la pasta, el arroz, los ñoquis o para la lasaña de carne.

INGREDIENTES:

50 g de cada uno: cebolla, apio y zanahoria (picaditos en trocitos para hacer el "sofrito")
1 diente de ajo
500 g de carne molida de cerdo
500 g de carne molida de ternera
1 ½ litro de puré de tomate
Poquito de chile rojo seco (opcional)
100 ml de vino rojo
2 tazas de caldo
1 ramito de hojas de laurel fresco
1 ramito de hojas de salvia fresca
1 ramito de hojas de romero fresco
1 cucharada de mantequilla
Sal y pimienta al gusto

PREPARACIÓN:

1. Lava y corta la cebolla, el ajo, el apio y la zanahoria en trocitos pequeñitos (estos ingredientes juntos en italiano se llaman "sofrito").
2. En una olla pon la mantequilla y el aceite de oliva extra virgen a calentar a fuego medio, añade el sofrito (cebolla, ajo, apio, zanahoria) para freír y añade un pedacito de chile (si lo quieres picoso) sal y pimienta.
3. Cuando el sofrito esté dorado, añade la carne de cerdo y la carne de ternera para que se frían y mézclalos.
4. Cuando la carne esté cocida y el jugo empiece a cantar (así se dice en Italia cuando hace un ruidito especial que seguro reconocerás), añade el vino rojo; mezcla y espera a que evapore.
5. Añade el puré de tomate y mezcla (fíjate muy bien en la consistencia que adquiere con el puré ya que así es como tiene que quedar al final).
6. Añade las 2 tazas de caldo y algunas hojas de laurel, salvia y romero; mezcla y deja que hierva por 5 minutos con la olla tapada.
7. Quita la tapa, baja a fuego lento, mezcla y deja que más o menos hierva por 1 hora; mezcla de vez en cuando (sin tapar).
8. Cuando veas que el jugo está listo, apaga el fuego y sirve.

Salsa típica de tomate

PARA 6 PERSONAS
TIEMPO DE PREPARACIÓN 1 HORA.

Esta es la típica salsa de tomate italiana ideal para la pasta.
La puedes conservar en el refrigerador en un frasco, agregándole aceite de oliva extra virgen para que se conserve.
¡Queda para chuparse los dedos!

INGREDIENTES:

1 kilo de tomate
1 cebolla blanca
2 zanahorias chicas
1 ramito de perejil fresco
3 o 4 apios
5 hojitas de albahaca fresca
100 ml de aceite de oliva extra virgen
Sal y pimienta al gusto

PREPARACIÓN:

1.Lava los tomates, las cebollas, el apio, las zanahorias, el perejil y la albahaca y córtalos en trozos medianos.

2. En una olla pon el aceite de oliva extra virgen a calentar y agrega la cebolla, las zanahorias y el apio, déjalos cocer a fuego medio por 15 minutos girando con una cuchara.

3. Agrega los tomates, la albahaca, la sal y la pimienta al gusto; mezcla y tapa la olla por 10 minutos a fuego lento.

4. Quita la tapa, mezcla; si los tomates soltaron mucho jugo, deja que la salsa se siga cociendo para que evapore un poquito más sin tapar; si los tomates no soltaron mucho jugo, agrega un poco de agua y deja que la salsa hierva un poco más sin tapar y hasta que la salsa quede completamente cocida (no tan líquida).

5. Cuando la salsa esté cocida y la consistencia quede jugosa, la licuas o más fácil la pasas con la batidora de mano directamente dentro de la olla.

6. Agrega un poco de aceite de oliva extra virgen fresco.

Salsa de setas

Esta salsa la puedes utilizar en la pasta, el arroz, en la carne, con la polenta o para hacer crostinos.

INGREDIENTES:

500 g de setas o champiñones
1 diente de ajo
1 ramito de perejil fresco
Aceite de oliva extra virgen
2 tomates (opcional)
Chile rojo seco (opcional)
Sal y pimienta al gusto

PREPARACIÓN:

1. Lava y corta las setas.
2. Pica el ajo y el perejil muy finos.
3. En una sartén pon un poco de aceite de oliva extra virgen a calentar y agrega el ajo y perejil; déjalos freír un poco (si le vas a poner chile, agrégalo en este momento).
4. Agrega las setas y déjalas hasta que se cuezan sin dejar de mezclar.
5. Si le vas a poner tomates, córtalos en trocitos chiquitos, agrégalos y mézclalos.
6. Pon sal al gusto y deja que se acabe de cocinar el tomate.
7. Apaga el fuego y agrega otro poco de perejil fresco.
8. Sirve y agrega pimienta al gusto.

Salsa de anchoas y atún

Esta salsa es ideal para cualquier tipo de pasta, arroz o para hacer crostini

INGREDIENTES:

100 g de atún en aceite de oliva extra virgen
3 anchoas
1 cucharada de alcaparras
1 kilo de tomates pelados
Queso parmesano rallado al gusto
50 g de mantequilla
1 ramito de perejil fresco
1 diente de ajo
Sal y pimienta al gusto

PREPARACIÓN:

1. En una sartén pon la mantequilla y el aceite de oliva extra virgen a calentar y agrega un diente de ajo a freír; cuando esté dorado lo quitas.

2. Añade las anchoas cortadas en trocitos y mezcla hasta que se deshagan; añade el atún, mezcla y deja que dore por 2 minutos.

3. Corta en trocitos chicos las alcaparras y el perejil; agrégalos a la sartén, mezcla.

4. Corta y agrega los tomates pelados, mezcla y deja que la salsa se cueza por unos minutos.

5. Agrega un poco de sal y pimienta al gusto, mezcla y sirve.

Salsa verde

PARA 6 PERSONAS
TIEMPO DE PREPARACIÓN 15 MINUTOS.

Esta salsa es ideal para acompañar la carne y el pollo o para hacer crostinis o bocadillos.

En Italia se come con la tripa hervida, platillo típico a base de vísceras.

INGREDIENTES:
40 g de perejil fresco
huevos cocidos
60 g de migajón de pan
filetes de anchoas
cucharadas de alcaparras
cucharadas de aceitunas verdes o negras sin hueso
00 ml de vinagre de vino blanco o de manzana
00 ml de aceite de oliva extra virgen
al y pimienta al gusto

PREPARACIÓN:
. Mete todos los ingredientes a machacar en el procesador de alimentos, el ingrediente
ue debe predominar es el perejil.
. Controla que quede todo bien picadito, agrega sal y pimienta (si consideras que falta
ceite de oliva extra virgen, agrégaselo).

Salsa pesto

Esta salsa es ideal para cualquier tipo de pasta, lasaña y también para la pizza.
El pesto es una salsa típica de Génova, pero en la Toscana nos gusta mucho.

INGREDIENTES:

100 hojas de albahaca fresca
2 dientes de ajo
60 g de queso parmesano o queso de oveja rallado o en polvo
200 ml de aceite de oliva extra virgen
30 g de piñones
Sal al gusto

PREPARACIÓN:

1. En una sartén tuesta los piñones.
2. Mete todos los ingredientes en un procesador de alimentos para que se mezclen muy bien.
3. Añade aceite de oliva extra virgen mientras esté moliendo hasta que se mezcle muy bien todo.

Antipastos o Entremeses

Los antipastos o entremeses son mis favoritos por su gran variedad de colores y sabores, son más o menos como las tapas o la botana, pero en Italia se sirven ya sentados en la mesa cuando empiezas a comer.

La presentación de los platillos es muy importante porque dicen que por los ojos entra el amor y al prepararlos se da vuelo a la fantasía al crear cosas ricas y apetitosas que se convierten en un juego divertido.

Los antipastos se disponen cada uno en un plato por separado, por ejemplo:

En un plato se sirven los embutidos, el jamón serrano, la mortadela, el salami o lo que te apetezca de este grupo.

En otro plato se sirven las brusquetas de tomate o los crostinis.

En otro plato se sirven los mariscos, los camarones, los pulpos, los calamares, los langostinos, etc.

En otro los quesos como por ejemplo el mozarela, parmesano, pecorino (queso de oveja), emmenthal, etc.

En otro plato una ensalada de verduritas picadas con atún, mayonesa y alcaparras.

En otros las aceitunas, cebollitas y pimientos en aceite o en vinagre.

Con estos platillos tenemos un gustosísimo antipasto que le dará un toque de alegría y color a tu mesa y sin duda conquistará los paladares de todos tus invitados.

Quiche de verduras

INGREDIENTES:

250 g de pasta de hojaldre
500 ml de salsa bechamel
2 calabacines
1 berenjena
1 patata
1 pimiento
Queso parmesano rallado al gusto
Aceite de oliva extra virgen
1 cucharada de mantequilla
Sal y pimienta al gusto

PREPARACIÓN:

1. Prepara la salsa bechamel (ver receta).
2. Corta las berenjenas finamente y cúbrelas de sal; déjalas reposar por 20 minutos hasta que suden lo amargo.
3. Lava y corta el pimiento y el calabacín en tiritas finas.
4. Lava, pela y corta las patatas en trocitos.
5. Pon un poco de aceite de oliva extra virgen y mantequilla en una sartén y vierte todas las verduras para cocerlas; agrega un poco de sal y pimienta.
6. Enciende el horno a 180° C ventilado.
7. Unta de mantequilla todo un molde para horno y extiende la pasta de hojaldre encima; pínchala un poquito con un tenedor así no se infla.
8. Agrega las verduras repartiéndolas por todos lados, cúbrelas de salsa bechamel y encima espolvorea el queso parmesano cubriendo todas las verduras.
9. Métalo en el horno por 20 o 30 minutos hasta que se cueza la salsa bechamel, se gratine y se dore el queso.
10. Sácalo del horno, córtalo en rebanadas y sirve.

Tomates rellenos

PARA 6 PERSONAS
TIEMPO DE PREPARACIÓN 15 MINUTOS.

¡Listo! Queda un platillo rico y fresco para cualquier ocasión.

INGREDIENTES:

2 tomates frescos
3 o 4 huevos cocidos
100 g de atún en aceite de oliva extra virgen
1 cucharada de alcaparras
1 ramito de perejil fresco
1 cucharada de mayonesa (ver receta)
Sal y pimienta al gusto

PREPARACIÓN:

1. Lava los tomates, corta los extremos de cada lado, pártelos a la mitad y quita el interior (las semillas y el agua restante).
2. Hierve los huevos y córtalos en cuadritos.
3. En un plato hondo pon los huevos, el atún, el perejil, la mayonesa, las alcaparras, sal y pimienta.
4. Mezcla todo muy bien y rellena los tomates.
5. Decóralos con perejil finamente picado.

Brusqueta

PARA 6 PERSONAS
TIEMPO DE PREPARACIÓN 15 MINUTOS.

INGREDIENTES:

1 kilo de pan tipo toscano
5 tomates
12 hojas de albahaca fresca
2 dientes de ajo
Aceite de oliva extra virgen
Vinagre balsámico al gusto
Sal y pimienta al gusto

PREPARACIÓN:

1. Corta el pan en rebanadas y lo pones a tostar o si quieres en el horno.
2. Corta el tomate en trocitos y algunas hojas de albahaca.
3. Mételos en un plato hondo y le pones sal, pimienta, poco vinagre balsámico, aceite de oliva extra virgen; mezcla.
4. Coge el pan tostado y le frotas el ajo encima por un lado.
5. A cada rebanada le pones un poco de la mezcla de tomate y encima le pones una hojita de albahaca para decorar.
6. Sirve en un plato (es una delicia y muy sencillo de preparar).

Crostini de carne toscano

Esta receta es especial de mi suegra Lucia (a mi familia y a mí nos encanta),
es la típica receta del crostino toscano.

INGREDIENTES:

350 g de higaditos de pollo
100 g de carne molida de cerdo
100 g de carne molida de ternera
1 lata o frasco de anchoas en sal
100 ml de alcaparras
1 frasco de 300 g de verduritas mixtas en vinagre
1 frasco de 300 g de verduritas mixtas en aceite
1 frasco de 300 g de cebollitas en vinagre
1 diente de ajo
Aceite de oliva extra virgen
1 cucharada de mantequilla
Sal y pimienta al gusto
1 kilo de pan tipo toscano o baguette (para los crostini)

PREPARACIÓN:

1. Lava y quítales la hiel a los higaditos (es un pedacito verde).
2. En una olla pon aceite de oliva extra virgen a calentar a fuego alto, agrega las anchoas y mezcla hasta que se deshagan.
3. Agrega el ajo y deja que dore un poquito.
4. Agrega las alcaparras y los higaditos de pollo y los mezclas.
5. Cuando los higaditos estén dorados, agrega la carne molida de cerdo y de ternera; déjalos cocer.
6. Agrega el frasco de verduritas en aceite y mezclas.
7. Agrega las cebollitas en vinagre, quitándoles el vinagre.
8. Agrega las verduras en vinagre, quitándoles el vinagre.
9. Agrega sal y pimienta al gusto.
10. Mezcla todo muy bien y deja cocer por 1 hora y 30 minutos a fuego lento (si quieres tapa la olla pero no completamente para que entre aire y respire).
11. Con la batidora de mano muele todo para que quede como un paté granuloso.
12. Agrega una cucharada de mantequilla y mezcla.
13. Corta y tuesta el pan y agrega el paté.

Panzanela

Es un platillo fresco para el verano ya que en Italia hace mucho calor (llamado vulgarmente "pobre" porque se utiliza el pan viejo) y se come usualmente como antipasto; también es ideal para decorar un plato usando formas o moldes pequeños y se sirve como guarnición.

INGREDIENTES:

1 kilo de pan tipo toscano o baguette duro o viejo
1 cebolla morada fresca
4 tomates
1 pepino pequeño
1 lata de atún
6 hojas grandes de albahaca fresca
2 tallos de apio
2 huevos cocidos
1 lata de frijoles blancos canellini
1 puñado de trocitos de queso mozarela
Un poco de lechuga picada
1 ramito de perejil fresco
1 taza de vinagre de manzana
1 taza de agua
Aceite de oliva extra virgen al gusto
Sal y pimienta al gusto

PREPARACIÓN:

1. Pon a remojar el pan en un recipiente hondo con el agua y vinagre por 20 minutos, después deshaces el pan con las manos hasta que te quede una consistencia de pan desmoronado.
2. Añade un poco de sal, pimienta y aceite de oliva extra virgen; mezcla.
3. Corta la cebolla en trocitos (si la cebolla es muy fuerte ponla a remojar en agua).
4. Corta en trocitos todos los tomates, pepinos, apios, huevos, el queso mozarela y la lechuga; los agregas al recipiente y mezclas.
5. Añade los frijoles blancos, la cebolla, el aceite de oliva extra virgen, la sal y la pimienta, mezcla.
6. Sirve y decora con las hojas de albahaca y con el perejil picadito.

Ensalada de calamar

¡Listo! Queda una ensalada deliciosa que se puede servir fría o caliente y si quieres le puedes agregar camarones o pulpos.

INGREDIENTES:

1 kilo de calamares
1 pimiento grande amarillo
3 tallos de apio
2 dientes de ajo
1 ramito de perejil fresco
1 limón
Aceite de oliva extra virgen
Sal y pimienta al gusto

PREPARACIÓN:

1. Lava los calamares con agua.
2. En una olla pon agua con sal a calentar.
3. Cuando hierva el agua, pon los calamares a cocer por 3 o 4 minutos.
4. En un plato hondo pon bastante aceite de oliva extra virgen y machaca 2 o 3 ajos y mezcla.
5. Lava los pimientos y el apio.
6. Corta los pimientos y el apio en cuadritos y los agregas al plato hondo.
7. Cuando los calamares estén listos, los cuelas y los mezclas con los demás ingredientes.
8. Agrega el perejil finamente picado, un poco de limón, sal y pimienta al gusto.

Polenta frita

Este platillo queda delicioso como antipasto y encima se le puede poner salsa de carne o salsa de hongos.

INGREDIENTES:

Agua 1 ½ litro de agua
2 tazas de harina de maíz amarilla
2 cucharaditas de sal
Aceite de oliva extra virgen
Sal al gusto

PREPARACIÓN:

1. En una olla pon el agua con sal y dejas que hierva.

2. Agrega la harina de maíz poco a poco revolviendo sin dejar que se formen grumos; baja a fuego lento.

3. Deja cocer la polenta por 40 minutos sin tapar y girándola con una cuchara de madera hasta que quede espesa y lo compruebas introduciendo una cuchara; si se sostiene firme es que está lista.

4. En un molde para horno anti-adherente extiende la polenta uniformemente; tápala con un trapo y deja que se enfríe más o menos 6 horas para que quede firme.

5. Voltea la polenta sobre una superficie plana para desmoldarla.

6. Corta la polenta en forma transversal en tiras de 3 cm de ancho y 5 cm de largo.

7. En una sartén pon aceite de oliva extra virgen a calentar a fuego medio alto.

8. Fríe los trozos de polenta por todos sus lados hasta que doren.

9. Sírvelos en un plato y encima les puedes poner salsa de carne o de setas. (ver recetas de salsas)

Sopas

esde siempre la sopa regala a la cocina un perfume inconfundible y muy especial que huele a casa y
milia.

s sopas aparecen en nuestras mesas en el otoño e invierno para calentar las frías noches y hacerlas más
ogedoras.

a sopa es un platillo sencillo, informal y con un encanto antigüo que nos recuerda un ambiente de
mpo rústico, el cual se recuerda con nostalgia. Al ir uniendo y mezclando ingredientes diferentes se crea
1a armonía muy especial con un perfume y sabor inigualables.

r un tiempo durante la guerra, cuando aquí en Italia no había comida, el hacer una sopa significaba
eter en una olla cualquier ingrediente que tuvieras en casa; hoy es un juego de fantasía y se ha convertido
 un arte.

Caldos

 caldo en gastronomía es el elemento base de la preparación del "risotto" y de casi todas las sopas; sin
uda el mejor es el de carne pero el vegetal también es muy rico.

 caldo no es solamente agua caliente con algún ingrediente, es más bien una parte fundamental de la
cina italiana y para que quede delicioso, se necesitan utilizar ingredientes frescos de excelente calidad
mo carnes, pollo, verduras, pescado, hierbas o especias para condimentar.

as hierbas que más se utilizan en Italia son: la albahaca, el laurel, el orégano, el perejil, el romero, el
millo y la salvia; con ellas los platillos adquieren un sabor muy especial.

Crema parmantier

Esta receta no es típica italiana, es francesa, pero mi suegro aprendió a cocinarla cuando trabajaba en Torino; nos encanta comerla en invierno cuando hace mucho frío y siempre cae bien una sopa calientita.

INGREDIENTES:

1 cebolla blanca grande
Aceite de oliva extra virgen
1 cucharada grande de mantequilla
1 litro de caldo mixto de carne y pollo
5 patatas grandes
1 kilo de pan toscano o pan tipo baguette
300 g de queso parmesano
1 diente de ajo
Sal y pimienta al gusto

PREPARACIÓN DE LOS CROSTINOS DE PAN:

1. Corta el pan en cuadritos.
2. En una sartén pon el aceite de oliva extra virgen y mantequilla a calentar, agrega el ajo a que dore.
3. Agrega el pan en cuadritos, mezcla hasta que se doren, quita el ajo.

PREPARACIÓN DE LA SOPA:

1. Pela las patatas y córtalas en trozos.
2. Corta la cebolla en trocitos.
3. En una olla calienta el aceite de oliva extra virgen y la mantequilla a fuego medio.
4. Agrega la cebolla con un poco de sal, déjala freír mezclando hasta que las cebollas se vean blandas y levemente doradas.
5. Agrega las patatas, mezcla y déjalas cocer un poco.
6. Añade la harina, mezcla hasta que la cebolla y la harina se empiecen a pegar en la olla.
7. Agrega el caldo, déjalo hervir a fuego lento hasta que se cuezan bien las patatas.
8. Licua la sopa (si la sopa queda muy espesa le puedes añadir más caldo dependiendo del gusto).
9. Sirve la sopa en un plato sopero, agregándole el queso parmesano rallado, los crostinos de pan y un poco de pimienta; es un platillo fácil de preparar, para chuparse los dedos.

Cachiucco de Livorno

¡Esta típica sopa de pescado es única!
¡Es un platillo exquisito!

INGREDIENTES:

400 g de cada tipo de pescados: cazón, lenguado, dorado, cigalas, calamares y pulpos pequeños
1 kilo de mejillones con concha
1 diente de ajo
1 cebolla
Aceite de oliva extra virgen
Chiles rojos secos al gusto
200 g de tomates pelados cocidos
500 g de puré de tomate
100 ml de vino blanco
5 ramitos de perejil fresco
1 kilo de pan tipo tostado o baguette
Sal y pimienta al gusto

PREPARACIÓN:

1. Limpia todo el pescado y los mariscos.
2. En una olla pon agua con sal y cueze los mejillones.
3. En una sartén grande pon a calentar aceite de oliva extra virgen, bastante ajo picadito, la cebolla cortada finamente y los chiles rojos picaditos.
4. Cuando el ajo y la cebolla comiencen a dorar, agrega los calamares y los pulpos cortados en trozos; déjalos cocer sin tapa.
5. Agrega los mejillones y los mariscos restantes.
6. Agrega sal y pimienta al gusto.
7. Cuando éstos estén listos, los bañas con vino blanco y esperas a que evapore.
8. Agrega los tomates pelados en trocitos, un poco de puré de tomate y un poco de agua.
9. Inmediatamente agrega los pescados cortados en trocitos y deja que hiervan hasta que se cuezan a fuego lento.
10. Corta y tuesta el pan, úntalo de ajo.
11. Corta el perejil.
12. Sirve en un plato poniendo el pan tostado hasta abajo y encima sirves la sopa de pescado.
13. Agrega un poco de perejil.

Sopa de cebolla gratinada

PARA 6 PERSONAS
TIEMPO DE PREPARACIÓN 1 HORA.

Queda una sopa deliciosa que se come mucho en otoño e invierno.

INGREDIENTES:

4 cebollas blancas medianas
100 g de mantequilla
2 cucharaditas de harina tipo 00
1 ½ litros de caldo de carne
1 kilo de pan baguette
100 g de queso gruyère rallado
100 g de queso parmesano rallado
Sal y pimienta al gusto

PREPARACIÓN:

1. Pela y corta en tiritas la cebolla.
2. En una olla pon a calentar aceite de oliva extra virgen y mantequilla, agrega las cebollas hasta que se doren; cuando estén doradas, agrega la harina, mezcla y deja que se cuezan por 1 minuto.
3. Agrega el caldo y deja que hierva lentamente por media hora.
4. Corta el pan en rebanadas, tuéstalos en una sartén y agrega el parmesano.
5. Enciende el horno a 180° C ventilado.
6. En un molde para horno coloca en la parte de abajo el pan tostado, agrega el queso gruyère y después la sopa de cebolla; así continúa en capas.
7. Hasta arriba pon los quesos gruyère y parmesano rallados y agrega un poco de pimienta.
8. Mete al horno la sopa hasta que los quesos estén bien dorados y gratinados.

Pasta y frijoles

PARA 6 PERSONAS
TIEMPO DE PREPARACIÓN 2 HORAS.

INGREDIENTES:

500 g de frijoles pintos
Aceite de oliva extra virgen
2 cebollas
100 g de queso parmesano rallado
200 g de tocino en cuadritos
1 litro de caldo de carne
2 patatas grandes
1 diente de ajo
480 g de pasta corta (coditos)
1 ramito de romero fresco
Sal y pimienta al gusto

PREPARACIÓN:

1. En una olla fríe el tocino.
2. En la misma olla agrega el caldo de carne, aceite de oliva extra virgen, los frijoles y la cebolla; déjalos cocer.
3. Mientras se cuecen los frijoles, lava y pela las patatas, córtalas en trozos y las agregas a los frijoles para que se cuezan juntos.
4. Cuando los frijoles y las patatas estén cocidos, agrega sal y un poco de pimienta y muele todo en la licuadora.
5. Si el caldo de frijol está muy denso, agrega más caldo.
6. Corta muy finos el ajo y el romero.
7. En una sartén pon a freír aceite de oliva extra virgen, ajo y romero hasta que se doren.
8. Agrega el contenido de la sartén (ajo, romero y aceite de oliva extra virgen) al caldo de frijoles y revuelve (este es el toque mágico).
9. En otra olla pon agua a calentar para cocer la pasta.
10. Cuando hierva el agua mete la pasta unos minutos y antes de que se termine de cocer, sácala y agrégala al caldo de frijol hasta que se termine de cocer ahí.
11. Sirve en un plato hondo y espolvorea el queso parmesano y un poco de aceite de oliva extra virgen.
12. Agrega pimienta al gusto.

Caldo mixto de carne y pollo

PARA 6 PERSONAS
TIEMPO DE PREPARACIÓN 1 HORA.

Queda un caldo riquísimo; lo puedes guardar o congelar para cuando lo necesites o lo puedes utilizar para cocer los tortelinis de carne o pasta corta.

INGREDIENTES:

600 g de carne con hueso
1 pollo entero
3 litros de agua
4 tallos de apio
4 zanahorias grandes
1 cebolla grande
1 tomate pequeño
1 ramito de perejil fresco
Sal

PREPARACIÓN:

1. Para obtener un buen caldo, en una olla grande mete la carne y el pollo en agua fría con sal a fuego medio alto y lo tapas.
2. Corta en trozos grandes el apio y la cebolla; pela las zanahorias y las echas en la olla cuando el agua esté hirviendo.
3. Agrega el perejil y el tomate y deja que el caldo se cueza a fuego lento con tapa, más o menos por 2 o 3 horas.
4. Cuando el caldo esté listo, déjalo enfriar.
5. Ya frío si te gusta la grasa la dejas, si no, la puedes quitar con una cuchara.
6. Quita la carne, el pollo y las verduras y cuela el caldo.

Pastas y Arroces

La pasta tiene una importancia fundamental en la alimentación de las familias italianas; es el platillo más gustoso, el más versátil e irresistible.

Los italianos comen pasta todos los días!

La pasta es un universo de creatividad culinaria sin límite.

La dieta mediterránea tiene a la pasta en el primer lugar de la pirámide alimenticia.

Para los italianos el tiempo de cocción de la pasta es muy importante, tiene que estar "al dente", no es ni cruda ni muy cocida, sino al punto justo. También es muy importante la consistencia y textura.

Es increíble que para un platillo tan sencillo como la pasta se tomen en consideración tantos factores los cuales se han transmitido de generación en generación, convirtiéndose en una tradición.

La pasta se divide en fresca, seca y rellena y su sabor va a depender de la amplia variedad de salsas o de ingredientes que se utilicen.

El arroz también es un platillo muy importante en la cocina italiana; se puede preparar como algo fresco y delicado o caliente y con cuerpo.

El arroz tiene diferentes formas de cocinarse dependiendo si se quiere para "risotto", arroz frío o en sopa puede condimentarse con una gran variedad de salsas e ingredientes.

Pasta fresca de huevo

La proporción para la pasta será siempre de 100 g por 1 huevo, por persona.

INGREDIENTES:

400 g de harina tipo 0
4 huevos
1 cucharadita de aceite de oliva extra virgen
1 pizca de sal

PREPARACIÓN:

1.En una superficie plana forma la harina a manera de volcán.

2. Agrega en el centro del volcán los huevos, el aceite de oliva extra virgen y la sal; mezcla todo muy bien con un tenedor.

3. Amasa con las manos dejando siempre un poco de harina sobre la mesa.

4. Cuando la masa esté compacta, toma un pedazo y con un rodillo la extiendes sobre la mesa.

5. Con un aparato para cortar pasta o con un cuchillo, corta la masa como te guste (por ejemplo en cuadritos si quieres macarrones o a lo largo si quieres fetuchini).

6. Coloca la pasta ya cortada sobre papel para hornear y espolvorea un poco de harina para que no se pegue.

7. Continúa así hasta que se acabe la masa.

8. Puedes cocinar la pasta inmediatamente.

9. En una olla pon a calentar agua con sal, agrega un poco de aceite de oliva extra virgen para que no se pegue.

10. Cuando el agua hierva, pon la pasta a cocer.

11. Deja que se cueza de 4 a 6 minutos.

12. Cuela la pasta y condimenta con la salsa que más te guste.

Masa para hacer pizza

INGREDIENTES:

500 g de harina tipo 00
La punta de una cucharadita de azúcar (para activar la levadura)
1 bolsita o un cubito de 25 g de levadura
800 g de queso mozarela rallado
1 cucharadita de sal
1 cucharada de aceite de oliva extra virgen
1 litro de puré de tomate
Orégano seco al gusto

PREPARACIÓN:

1.En una olla pon 2 tazas de agua a calentar.
2. En un molde pones la harina, el azúcar, la levadura, la sal y mezclas.
3. Agrega el aceite de oliva extra virgen, un poco de agua y mezclas.
4. Agrega agua hasta que la masa tenga una consistencia compacta pero elástica.
5. Deja que la masa repose un mínimo de 4 horas, cubriéndola con un trapo para que la masa "monte" (se eleve).
6. Enciende el horno a 220° C ventilado.
7. Toma un poco de masa y forma una bolita de tenis, la extiendes con un rodillo de una parte y de la otra formando un círculo.
8. Agrega el puré de tomate cubriendo toda la masa, agrega sal y un poco de orégano.
9. Métela en el horno por 15 minutos más o menos.
10. Saca la pizza y agrega el queso mozarela y un poco de aceite de oliva extra virgen.
11. Mete la pizza en el horno por otros 6 o 7 minutos hasta que se derrita el queso.
12. Saca la pizza del horno y corta en rebanadas.

Masa para hacer focacha

INGREDIENTES:

1 kilo de harina tipo 00
2 bolsitas de 7 g de levadura o 2 cuadritos de levadura de cerveza de 25 g
20 g de sal fina o sal gorda
150 g de leche a temperatura ambiente
350 g de agua
50 g de aceite de oliva extra virgen
2 cucharaditas de azúcar
2 ramitos de romero fresco o seco (opcional)

PREPARACIÓN:

1. En un plato hondo, pon la harina, el azúcar, la sal y la levadura (si es en polvo) y mezcla con las manos.
2. Si la levadura es en cubitos, disuélvela en un poco de agua tibia y agrégala mezclando.
3. Agrega la leche, el agua y el aceite de oliva extra virgen; mezcla.
4. Amasa perfectamente hasta amalgamar todos los ingredientes (si tienes un robot para empastar lo puedes utilizar).
5. Cuando los ingredientes estén amalgamados, pon la masa en una superficie plana y continúa amasando con las manos.
6. Te queda una masa casi pegajosa y suave.
7. Pon la masa dentro de un plato hondo, le haces unos cortes en cruz y la tapas con un trapo húmedo.
8. Deja que la masa monte por 5 horas para que repose.
9. Cuando la masa haya montado (elevado), divídela y haz unas bolas grandes con la masa.
10. Enciende el horno a 180°C ventilado y espera que caliente antes de meter la masa.
11. Extiende la masa sobre una bandeja plana, si no es antiadherente colócala sobre papel para hornear.
12. Pon un poco de aceite de oliva extra virgen y de sal gorda sobre toda la focacha y pícala con los dedos para que no quede uniforme.
13. Le puedes agregar hojitas de romero o de cualquier otro ingrediente como aceitunas, tomate, cebolla, patatas, etc.
14. Mete la focacha en el horno y deja que cueza por 35 o 40 minutos.
15. Saca la focacha del horno y córtala.
16. Puedes rellenar la focacha con queso y jamón o cualquier otro ingrediente.

Fetuchini con setas

PARA 6 PERSONAS
TIEMPO DE PREPARACIÓN 15 MINUTOS.

INGREDIENTES:

0 g de fetuchini
0 g de setas
ramito de perejil fresco
go de limón
ceite de oliva extra virgen
l y pimienta al gusto

PREPARACIÓN:

Lava y limpia muy bien los hongos quitándoles muy bien la tierra.
Corta los hongos en trocitos.
En una sartén calienta aceite de oliva extra virgen y mantequilla.
Agrega los hongos para que se cuezan por unos minutos.
Agrega sal y pimienta y un poco del jugo de limón y espera que evapore.
En una olla pon agua con sal a calentar, cuando el agua hierva, mete los fetuchinis a
cer el tiempo indicado en el paquete para que queden al dente.
Ya cocidos, los cuelas y mezclas con los hongos agregando aceite de oliva extra virgen.
Sirve en un plato (si deseas agrega perejil finamente picado).

Espagueti con mariscos

Esta pasta es mi preferida; cuando está servida en el plato se ve espectacular.

INGREDIENTES:

500 g de espagueti
100 g de almejas
100 g de camarones
100 g de calamares
100 g de mejillones en concha
100 g de pulpo
50 ml de vino blanco
200 g de tomatitos cherri
Aceite de oliva extra virgen
1 ramito de perejil fresco
1 cucharadita de mantequilla
2 dientes de ajo
Chile piquín rojo seco si se desea
Sal y pimienta al gusto

PREPARACIÓN:

1. En una olla pon agua con sal a calentar para cocer la pasta.
2. Limpia y lava los mariscos, corta los calamares y los pulpos en trocitos.
3. En una sartén grande pon mantequilla y el aceite de oliva extra virgen a calentar a fuego lento, agrega los dientes de ajo y un poquito de chile piquín.
4. Agrega los tomatitos cherri cortaditos, deja que se cuezan y mezcla.
5. Agrega los calamares primero que tardan más en cocer y después de algunos minutos los otros mariscos para que se cuezan todos juntos de 5 a 7 minutos; agrega sal.
6. Agrega el vino, deja que evapore y apaga el fuego.
7. Cuando el agua hierva, pon la pasta a cocer el tiempo que indique el paquete para que quede al dente.
8. Vuelve a encender la sartén con los mariscos a fuego lento.
9. Un minuto antes de que la pasta esté al dente, la cuelas y la terminas de cocer en la sartén de los mariscos; mezcla.
10. Sirve en un plato y agrega un poco de perejil finamente picado.

Espagueti a la matrichana

PARA 6 PERSONAS
TIEMPO DE PREPARACIÓN 20 MINUTOS.

INGREDIENTES:

)0 g de espagueti
)0 g de cebolla
)0 g de tocino
ceite de oliva extra virgen
cucharadita de mantequilla
)0 g de tomates pelados
)0 g de queso parmesano o de oveja rallado
ramito de perejil fresco
al y pimienta al gusto

PREPARACIÓN:

. Lava y corta la cebolla.
. Corta el tocino y los tomates pelados.
. En una sartén grande pon aceite de oliva extra virgen y mantequilla a calentar a fuego
edio, agrega la cebolla cortada y el tocino para que se frían un poco.
. Cuando la cebolla esté cristalina, no dorada, agrega los tomates pelados y cortados en
ozos y mezclas.
. Agrega sal y pimienta al gusto y deja que la salsa se cueza por unos minutos.
. Cuando la salsa esté lista apaga el fuego.
. En una olla con sal pon agua a calentar.
. Cuando el agua esté hirviendo mete los espaguetis a cocer el tiempo que indique el
aquete para que queden al dente.
. Cuando estén listos los mezclas con la salsa.
0. Sirve en un plato y agrega el queso rallado.
1. Decora con un poco de perejil finamente picado.

Espagueti con almejas grandes

INGREDIENTES:

500 g de espagueti
1 kilo de almejas
1 ramito de perejil fresco
Chile piquín seco al gusto (opcional)
4 dientes de ajo
500 g de puré de tomate
100 g de tomatitos cherri
Aceite de oliva extra virgen
100 ml de vino blanco
Sal y pimienta al gusto

PREPARACIÓN:

1. Lava las almejas.
2. En una sartén pon el aceite de oliva extra virgen a calentar a fuego lento.
3. Corta los 4 dientes de ajo y chile, ponlos a freír sin que se doren.
4. Echa las almejas a cocer en la sartén y cuando se abran las rocías de vino blanco y dejas que evapore un poco; agrega pimienta y un poco de perejil finamente picado.
5. En otra sartén pon aceite extra virgen a calentar, agrega un poco de ajo, el puré de tomate y los tomatitos cortados en trocitos con un poco de sal y pimienta; mezcla y deja que se cueza.
6. Cuando el jugo de tomate esté listo agrega las almejas, mezcla y deja que se cuezan por otros 4 minutos a fuego lento.
7. En una olla pon a calentar agua con sal para cocer los espaguetis.
8. Cuando el agua esté hirviendo, mete los espaguetis a cocer por el tiempo indicado en el paquete.
9. Cuando estén al dente, los cuelas y los echas en la sartén, mezcla y deja que se sigan cociendo ahí por 1 minuto; agrega una cucharada de agua caliente para que el jugo y la pasta se amalgamen.
10. Sirve en un plato y agrega el perejil finamente picado.

Risotto a la parmesana

INGREDIENTES:

320 g de arroz tipo arborio
1 litro de caldo de carne o de pollo
100 ml de vino blanco
Aceite de oliva extra virgen
200 g de queso parmesano rallado
1 cucharada de mantequilla
1 ramito de perejil fresco
Sal y pimienta al gusto

PREPARACIÓN:

1. En una olla pon el caldo a calentar.
2. En otra olla pon aceite de oliva extra virgen y mantequilla a calentar.
3. Añade el arroz para que se dore un poquito a fuego lento.
4. Agrega el vino y deja que evapore.
5. Agrega el caldo con un cucharón, un poco a la vez, dejando que el arroz se cueza lentamente, esperando a que hierva y que se consuma para agregar más caldo.
6. Continúa agregando el caldo hasta que el arroz esté al dente, si es necesario agrega un poco de sal.
7. Cuando el arroz esté listo agrega mucho queso parmesano rallado y un poco de mantequilla; mezcla delicadamente.
8. Sirve y agrega un poco de pimienta.
9. Decora con un poco de perejil finamente picado.

Risotto a la milanese

PARA 4 PERSONAS
TIEMPO DE PREPARACIÓN 30 MINUTOS.

INGREDIENTES:

20 g de arroz tipo arborio
0 g de mantequilla
0 g de queso parmesano rallado
0 g de tuétano
cebolla blanca
00 ml de vino blanco
litro de caldo de carne o pollo
bolsita de azafrán
tiritas de azafrán para decorar
ceite de oliva extra virgen
al y pimienta al gusto

PREPARACIÓN:

. En una olla pon el caldo a calentar.
. Corta la cebolla pequeñita.
. En una olla pon a calentar el aceite de oliva extra virgen y la mantequilla a fuego
 edio.
. Agrega la cebolla y la carnita del tuétano, sin que se doren.
. Agrega el arroz, mezcla y deja que se dore un poquito.
. Agrega el vino, mezcla y deja que evapore.
. Agrega el caldo con un cucharón poco a poco, dejando que el arroz se cueza
 ntamente y que se consuma para agregar más caldo.
. Disuelve el azafrán en polvo en un poco de caldo y se lo agregas al arroz, mezclando.
. Continúa agregando caldo hasta que el arroz esté al dente, si es necesario agrega un
 oco de sal.
0. Apaga el fuego, agrega la mantequilla y el queso parmesano mezclando.
1. Tapa la olla y deja que repose por 5 minutos.
2. Si el arroz está seco, agrega un poco de mantequilla y mezcla.
3. Sirve en un plato, decóralo con las tiritas de azafrán, agrega más queso parmesano y
 n poco de pimienta.

Risotto con setas

PARA 4 PERSONAS
TIEMPO DE PREPARACIÓN 30 MINUTOS.

INGREDIENTES:

320 g de arroz arborio
300 g de setas
1 litro de caldo de verduras
80 g de mantequilla
1 taza de vino blanco
1 ramito de perejil fresco
40 g de queso parmesano rallado
Aceite de oliva extra virgen
Sal y pimienta al gusto

PREPARACIÓN:

1. Pon el caldo de verduras a calentar.
2. Lava las setas, córtalas en tiritas.
3. En una olla pon a calentar el aceite de oliva extra virgen y la mantequilla.
4. Agrega las setas, ponles sal y deja que se cuezan por 5 minutos sin dejar de mezclar.
5. Quita las setas y ponlas en un plato.
6. Agrega otro poquito de mantequilla y aceite de oliva extra virgen, agrega el arroz y mezcla para que se dore un poco.
7. Agrega el vino y deja que se evapore completamente.
8. Con un cucharón, agrega poco a poco el caldo mezclando lentamente a fuego lento y sin dejar que el caldo se absorba por completo.
9. Antes de que el arroz se termine de cocer, agrega las setas y mezcla.
10. Continúa agregando caldo hasta que el arroz quede al dente.
11. Comprueba si le falta sal y añade un poco de mantequilla.
12. Sirve en un plato, si deseas agrega queso parmesano (en Italia no mezclan las setas con el queso parmesano porque mata el sabor de las setas, pero a mí sí me gusta).
13. Decora con un poco de perejil finamente picado y agrega pimienta al gusto.

Risotto con calabaza y puerros

INGREDIENTES:

320 g de arroz arborio
1 puerro grande
1 calabaza naranja media
1 litro de caldo vegetal
1 cucharada de mantequilla
Aceite de oliva extra virgen
40 g de queso parmesano rallado
1 ramito de perejil fresco
Sal y pimienta al gusto

PREPARACIÓN:

1. En una olla pon el caldo de verduras a calentar.
2. Corta el puerro en rodajas finitas.
3. Limpia la calabaza quitándole las semillas, saca la pulpa cortándola en cuadraditos.
4. En otra olla pon a calentar a fuego medio aceite de oliva extra virgen y mantequilla, sofríe el puerro teniendo cuidado que quede transparente y no se queme.
5. Agrega la calabaza, mezcla y deja que se cueza un poco.
6. Agrega el arroz y mezcla.
7. Agrega poco a poco el caldo y con un cucharón mezcla lentamente a fuego lento sin dejar que el caldo se absorba por completo.
8. Cuando el arroz esté al dente, añade mantequilla y un poco de pimienta.
9. Sirve en un plato, añade queso parmesano y un poco de perejil finamente picado.

Arroz frío o ensalada de arroz

PARA 6 PERSONAS
TIEMPO DE PREPARACIÓN 45 MINUTOS.

**Este arroz se come mucho en primavera y verano porque
es un plato fresco y colorido.**

INGREDIENTES:

00 g de arroz blanco
lata de 200 g de atún
tallos de apio
2 pimiento
tomate
lata pequeña de maíz amarillo
00 g de jamón cocido en cuadritos
lata de aceitunas negras o verdes
queso manchego pequeño
cebolla pequeña
ramito de perejil fresco
0 g de chícharos
aceite de oliva extra virgen
sal y pimienta al gusto

PREPARACIÓN:

. En una olla pon a hervir agua con sal.
. Agrega el arroz y deja que se cueza el tiempo que diga en el paquete.
. Una vez que esté cocido al dente el arroz, lo cuelas, le agregas aceite de oliva extra virgen y mezclas muy bien; lo extiendes sobre una superficie plana para que se enfríe y no se pegue.
. Corta el apio, el tomate, el pimiento, el queso, la cebolla y el perejil; mézclalos y ponlos en un plato hondo grande.
. Agrega todos los demás ingredientes, mezcla.
. Agrega un poco más de aceite de oliva extra virgen, sal y pimienta.
. Cuando el arroz esté frío, lo agregas y mezclas; decora con unas hojitas de albahaca y sirve en un plato.

Si quieres puedes agregar más ingredientes como por ejemplo zanahoria en cuadritos, pepino o mariscos ¡echa a volar tu imaginación!

Lasaña de carne

PARA 6 PERSONAS
TIEMPO DE PREPARACIÓN 2 HORAS.

INGREDIENTES:

800 g de salsa boloñesa (ver receta)
12 láminas de pasta para lasaña
180 g de queso mozarela rallado
200 g de queso parmesano rallado
1 litro de salsa bechamel (ver receta)
1 cucharada de mantequilla
Sal y pimienta al gusto

PREPARACIÓN:

1. Prepara la salsa boloñesa y la salsa bechamel.

2. En un molde para horno, unta la mantequilla, agrega la salsa bechamel y un poco de salsa boloñesa, encima coloca las láminas de pasta cruda.

3. Encima de la pasta pon otra vez salsa bechamel, salsa boloñesa, queso mozarela y parmesano; repite dos veces más hasta formar tres capas.

4. Encima pon bastante queso parmesano.

5. Enciende el horno a 180° C ventilado y espera a que se caliente.

6. Mete la lasaña a cocer más o menos 40 minutos dependiendo del horno.

7. Controla que el queso quede gratinado y dorado.

8. Cuando esté lista, sácala del horno y córtala en seis porciones.

9. Sirve y añade queso parmesano, sal y pimienta al gusto.

Lasaña al pesto

INGREDIENTES:

12 láminas de pasta para lasaña
400 g de salsa pesto (ver receta)
300 g de queso parmesano rallado
1 litro de salsa de bechamel (ver receta)
500 g de queso mozarela rallado
1 cucharada de mantequilla
Sal y pimienta al gusto

PREPARACIÓN:

1. Prepara la salsa bechamel y la salsa de pesto.
2. Enciende el horno a 180° C ventilado.
3. En un molde para horno unta un poco de mantequilla y un poco de salsa pesto cubriéndolo todo.
4. Coloca las láminas de pasta crudas sobre el molde, cúbrelas con la salsa bechamel y con la salsa de pesto.
5. Cubre todo con el queso mozarela.
6. Repite dos veces con la pasta, bechamel, pesto y el mozarela hasta formar tres capas.
7. En la última capa agrega el queso parmesano rallado y mete en el horno por 40 minutos hasta que el queso se gratine y dore.
8. Cuando esté lista la lasaña, sácala del horno y córtala en seis porciones.
9. Sirve en un plato y disfrútala.

Polenta con queso parmesano

PARA 6 PERSONAS
TIEMPOS DE PREPARACIÓN 45 MINUTOS.

INGREDIENTES:

00 g de harina de maíz amarillo
 litros de caldo de pollo o carne
00 g de queso parmesano rallado
ceite de oliva extra virgen
 cucharada de mantequilla
al y pimienta al gusto

PREPARACIÓN:

. En una olla pon el caldo a calentar.
. Cuando el caldo esté hirviendo, añade la harina de maíz y mezcla muy bien para que
uede homogénea.
. Deja que se cueza a fuego lento por 40 minutos, mezclando de cuando en cuando.
. Comprueba si está bien de sal.
. Sirve en un plato hondo, añade un poco de mantequilla y pimienta.
. Agrega el queso parmesano y un chorrito de aceite de oliva extra virgen.

La puedes servir con salsa boloñesa o con salsa de setas.

Ñoquis de patatas

PARA 6 PERSONAS
TIEMPO DE PREPARACIÓN 1 HORA Y 30 MINUTOS.

Los ñoquis se pueden servir con cualquier salsa, pesto, carne, tomate, etc.

INGREDIENTES:

1 kilo de patatas
130 g de mantequilla
150 g de harina tipo 00
2 huevos
Aceite de oliva extra virgen
50 g de queso parmesano rallado
Sal al gusto

PREPARACIÓN:

1. Lava y pela las patatas.
2. En una olla pon a hervir agua con sal.
3. Pon las patatas a cocer.
4. Cuando las patatas estén cocidas, cuélalas y machácalas como para hacer puré; añade mantequilla y mezcla.
5. Agrega la harina y los huevos; mézclalos muy bien hasta que queden homogéneos.
6. En una olla pon a hervir agua con sal.
7. Con la mano toma pequeñas porciones de la mezcla y haz bolitas para formar ñoquis.
8. Mete los ñoquis a cocer por algunos minutos sin taparlos y cuando comiencen a flotar quiere decir que están listos.
9. Saca los ñoquis del agua con un cucharón y colócalos en un plato para que se sequen.
10. Agrega mantequilla, aceite de oliva extra virgen y parmesano (queda un platillo delicioso).
11. Los puedes servir con cualquier salsa.

Ñoquis con camarones al horno

INGREDIENTES:

1 kilo de ñoquis (ver receta anterior)
1 litro de salsa bechamel (ver receta)
550 g de camarones
100 ml de coñac o whisky
1 cucharada de mantequilla
1 ramito de perejil fresco
100 g de queso parmesano rallado
Aceite de oliva extra virgen
2 dientes de ajo
Sal y pimienta al gusto

PREPARACIÓN:

1. En una sartén pon a calentar aceite de oliva extra virgen y mantequilla a fuego medio.
2. Corta el ajo en trocitos y agrégalos sin dejar que se doren.
3. Agrega los camarones con un poco de perejil, sal y pimienta; tápalos y déjalos cocer.
4. Cuando estén casi cocidos, agrega coñac o whisky, deja que evapore un poco y luego los tapas para que se haga un caldito.
5. En una olla pon agua con sal a calentar para cocer los ñoquis.
6. Cuando el agua hierva mete los ñoquis a cocer.
7. Cuando los ñoquis comienzan a flotar es que están cocidos, sácalos poco a poco con una cuchara, ponlos en un molde para hornear con mantequilla, agrega la bechamel y los camarones; mezcla todo muy bien.
8. Añade queso parmesano para que se derrita.
9. Enciende el horno a 180° C ventilado y deja que se caliente por 10 minutos
10. Pon los ñoquis en el horno por 20 minutos.
11. Comprueba que el queso se gratine y dore.
12. Agrega un poco de pimienta y de queso parmesano rallado.

Pasta con salmón y caviar

PARA 6 PERSONAS
TIEMPO DE PREPARACIÓN 20 MINUTOS.

INGREDIENTES:

0 g de pasta tipo moños o tornillos
0 g de salmón ahumado
rasquito de caviar negro
rasquito de caviar rojo
cucharada de mantequilla
ramito de perejil fresco
eite de oliva extra virgen
l y pimienta al gusto

PREPARACIÓN:

En una olla pon a calentar agua con sal para cocer la pasta.
Corta el salmón ahumado en trocitos y ponlos en el plato donde vas a servir la pasta.
Agrega el caviar rojo y el negro y los mezclas.
Agrega el aceite de oliva extra virgen y un poco de mantequilla; mezcla.
Cuando el agua esté hirviendo, mete la pasta a cocer el tiempo indicado en el paquete.
Cuece la pasta al dente, la cuelas y la mezclas con el salmón y el caviar.
Corta el perejil en pedacitos.
Agrega la pimienta y el perejil.

Si quieres puedes ponerle queso cremoso.

Fetuchini a la carbonara

PARA 6 PERSONAS
TIEMPO DE PREPARACIÓN 30 MINUTOS.

INGREDIENTES:

500 g de fetuchini
200 g de crema o nata líquida
250 g de tocino ahumado
3 o 4 yemas de huevo
60 g de queso parmesano o de oveja rallado
1 ramito de perejil fresco
2 hojitas de albahaca fresca
Sal y pimienta al gusto

PREPARACIÓN:

1. En una olla pon a calentar agua con sal para cocer la pasta.
2. Corta el tocino en trocitos y ponlo a dorar en una sartén.
3. En un plato hondo grande pon la crema o nata líquida, las yemas de huevo, el queso y la pimienta; mezcla todo muy bien batiendo con un tenedor hasta formar una crema.
4. Mete los fetuchinis a cocer el tiempo que indique el paquete para que queden al dente.
5. Cuando estén listos los fetuchinis los pones en la sartén con el tocino a fuego lento y los mezclas por un minuto.
6. Añade los fetuchinis y el tocino con los ingredientes del plato hondo y mezcla con movimientos rápidos para que no se cuezan las yemas.
7. Sirve en un plato y añade un poco más de queso parmesano y de pimienta.
8. Decora con un poco de perejil finamente picado o con una hojita de albahaca.

¡Queda un plato cremoso, delicioso y para chuparse los dedos!

Fetuchini con salmón al horno

PARA 6 PERSONAS
TIEMPO DE PREPARACIÓN 1 HORA.

INGREDIENTES:

600 g de fetuchini
500 g de salmón ahumado
500 g de queso parmesano rallado
3 rebanadas de queso tipo americano blanco o tranchetes
500 ml de salsa bechamel (ver receta)
1 cucharada de mantequilla
Sal y pimienta al gusto

PREPARACIÓN:

1. Enciende el horno a 180° C ventilado.
2. Unta un molde para horno con mantequilla.
3. Corta el salmón en trocitos y mételos al molde.
4. Añade un poco de aceite de oliva extra virgen y una cucharada de mantequilla.
5. Añade la salsa bechamel, el queso en rebanadas, un poco de queso parmesano y los mezclas con el salmón.
6. En una olla pon agua a calentar con sal para cocer los fetuchinis.
7. Cuando el agua hierva, mete los fetuchinis a cocer; unos minutos antes de que estén cocidos por completo, sácalos para que así se terminen de cocer en el horno.
8. Cuélalos y mézclalos con el salmón y los quesos; agrega un poco de pimienta.
9. Cubre los fetuchinis con queso parmesano, mete la pasta en el horno por 30 minutos hasta que el queso se gratine y dore.
10. Saca la pasta del horno y corta en seis porciones.

Pasta fría

con mozarela, tomate y aceitunas negras

PARA 6 PERSONAS
TIEMPO DE PREPARACIÓN 30 MINUTOS

INGREDIENTES:

00 g de pasta tornillos o moños
00 g de queso mozarela o queso tipo panela
tomates
hojitas de albahaca fresca
00 g de aceitunas negras
ceite de oliva extra virgen
cucharada de mantequilla
diente de ajo (opcional)
rebanadas de queso tipo americano blanco o tranchetes
lata de atún (opcional)
al y pimienta al gusto

PREPARACIÓN:

. Lava los tomates.
. Corta los tomates y el mozarela y ponlos en el plato donde vas a servir la pasta.
. Agrega las aceitunas, la albahaca, el queso en rebanadas, el aceite de oliva extra virgen,
al, pimenta, un poco de mantequilla, el ajo machacado y mezclas.
. En una olla pon a calentar agua con sal para cocer la pasta.
. Cuando el agua hierva mete la pasta.
. Cuece la pasta el tiempo que indique el paquete para que quede al dente.
. Cuando esté lista la pasta, la cuelas y la echas en el plato; mezclas muy bien y agregas
un poco más de aceite de oliva extra virgen.
. Si quieres le puedes agregar 1 lata de atún.
. Sirve y decora con una hojita de albahaca.

Pasta con calabacitas y camarones

INGREDIENTES:

500 g de pasta moños o tornillos
1 tomate
3 calabacines grandes
400 g de camarones pequeños
1 cebolla
1 diente de ajo
1 ramito de perejil fresco
Aceite de oliva extra virgen
Crema o nata líquida (opcional)
Sal y pimienta al gusto

PREPARACIÓN:

1. Lava los calabacines y el tomate.
2. Corta los calabacines en tiras muy finas y el tomate en trocitos pequeños.
3. En una sartén grande con aceite de oliva extra virgen y mantequilla, pon a freír a fuego lento la cebolla y el ajo sin que se doren.
4. Agrega los calabacines y los camarones; déjalos cocer.
5. Pon a calentar agua con sal para cocer la pasta.
6. Cuece la pasta el tiempo indicado en el paquete para que quede al dente; la cuelas, la pones en la sartén y mezclas.
7. Sirve; agrega perejil y queso parmesano.

Si quieres le puedes agregar crema o nata líquida cuando estás cocinando los calabacines y los camarones.

Torteli de carne

INGREDIENTES:

Pasta fresca (ver receta)
Salsa ragú para condimentar los tortelis (ver receta)
Relleno:
600 g de carne de cerdo molida
600 g de carne de ternera molida
3 huevos
50 g de mortadela
100 g de queso parmesano rallado
6 rebanadas de pan de molde o de caja
1 ramito de perejil fresco
Aceite de oliva extra virgen
2 dientes de ajo
Nuez moscada al gusto
2 tazas de caldo vegetal
Sal y pimienta al gusto

PREPARACIÓN:

1. Prepara la pasta fresca.
2. Para el relleno, en un plato hondo grande pon el pan a remojar en un poco de caldo de verduras.
3. Agrega el ajo y el perejil picaditos y mézclalos.
4. En una sartén con aceite de oliva extra virgen, cuece la carne de cerdo y de ternera con un poco de sal y pimienta.
5. Cuando la carne esté cocida, agrega la carne molida al pan remojado y mézclalos.
6. Agrega los huevos, la mortadela picadita, el queso parmesano y un poco de nuez moscada; mezcla.
7. Extiende la pasta fresca en una superficie plana; con un vaso corta círculos y pon una pequeña porción de relleno en el centro dejando espacio para doblar y formar medias lunas.
8. Cierra la pasta, presionando los bordes con los dedos para que no se salga el relleno al cocerlo.
9. Pon en una olla agua con sal a calentar para cocer los tortelis.
10. Cuando hierva el agua, mete los tortelis a cocer de 2 a 4 minutos para que queden al dente.
11. Sírvelos con el ragú de carne y queso parmesano.

Segundos Platos

Me encantan los segundos platos, al cocinarlos puedes echar a volar la imaginación, no sólo por la variedad de ingredientes que podemos utilizar, sino por las infinitas combinaciones de sabores que se pueden crear. No importa si se trata de un segundo plato a base de carne, pescado, huevo o vegetales, el objetivo final es crear un platillo asombroso, equilibrado y lleno de sabor gracias a la mezcla perfecta y delicada de sus ingredientes.

Muchas familias italianas acostumbran cenar un segundo plato acompañado de alguna verdura o legumbre porque son menos calóricos y más fáciles de digerir.

Escalopas o pollo al limón

INGREDIENTES:

6 pechugas de pollo
Harina tipo 00 al gusto
3 o 4 limones
100 ml de vino blanco
1 ramito de perejil fresco
Aceite de oliva extra virgen
1 cucharada de mantequilla
Sal y pimienta al gusto

PREPARACIÓN:

1. Para hacer la salsa de limón, exprime los limones en un plato hondo pequeño quitándole las semillas.
2. Agrega el perejil finamente picado.
3. Con un rodillo, aplasta cada pechuga de pollo para que quede planita.
4. En una sartén pon a calentar a fuego alto aceite de oliva extra virgen y mantequilla.
5. Toma las pechugas, cúbrelas de harina por los dos lados y ponlas a freír; agrega un poco de sal y pimienta.
6. Cuando veas que las pechugas adquieren color y se doran, agrega un poco de vino blanco dejando que se evapore.
7. Agrega la salsa de limón con perejil y un poquito de mantequilla y deja que evapore un poco; baja a fuego lento.
8. Apaga el fuego y listo.
9. Sirve y añade un poco más de perejil para decorar.

Pollo o conejo a la cazadora

DE 4 A 6 PERSONAS
TIEMPO DE PREPARACIÓN 30 MINUTOS.

INGREDIENTES:

1 pollo o conejo entero cortado en trozos
300 g de aceitunas negras
1 litro de puré de tomate
Harina tipo 00 al gusto
4 dientes de ajo
5 hojas de salvia fresca
1 ramito de laurel fresco
Aceite de oliva extra virgen
100 ml de vino blanco
100 ml de caldo de carne o verdura
200 g de champiñones (opcional)
5 hojitas de albahaca para decorar
Sal y pimienta al gusto

PREPARACIÓN:

1. En una sartén grande pon aceite de oliva extra virgen y mantequilla a calentar a fuego medio.
2. Toma el pollo cortado en trozos y cúbrelo de harina por todos sus lados y ponlo a freír; agrega el ajo, el laurel y la salvia.
3. Cuando veas que el pollo esté dorado, agrega el vino y deja que evapore.
4. Si le quieres agregar los champiñones, lávalos, córtalos y agrégalos al pollo para que se cuezan, si no continúa con la receta.
5. Agrega el puré de tomate, sal y pimienta; deja que hierva la salsa.
6. Añade las aceitunas negras, un poquito de caldo y baja el fuego.
7. Espera unos minutos a que espese.
8. Sirve y decora con unas hojitas de albahaca.

Saltimboca a la romana

DE 4 A 6 PERSONAS
TIEMPO DE PREPARACIÓN 15 MINUTOS.

INGREDIENTES:

6 filetes de ternera
6 rebanadas de jamón serrano
6 hojas de salvia grandes
Aceite de oliva extra virgen
Harina tipo 00 al gusto
1 cucharada de mantequilla
100 ml de vino blanco
Sal y pimienta al gusto

PREPARACIÓN:

1. En una sartén pon a calentar a fuego medio el aceite de oliva extra virgen y la mantequilla.
2. Con un rodillo golpea los filetes un poco para que se aplasten.
3. Toma los filetes y coloca encima de cada uno una rebanada de jamón serrano y encima de éste una hoja de salvia (si quieres ponles un palillo de dientes para que no se abran).
4. Los cubres de harina por los dos lados y los pones a freír, uno por uno, hasta que se cuezan.
5. Añade un poco de mantequilla y rocía con vino blanco; deja que el vino se evapore.
6. Sirve los filetes calientes.

Croquetas de patata y carne

INGREDIENTES:

10 patatas grandes
600 g de carne molida de ternera
3 huevos
200 g de queso parmesano
3 dientes de ajo
1 ramito de perejil fresco
1 cucharada de mantequilla
Harina tipo 00 al gusto
Aceite de girasol para freír
1 cucharadita de nuez moscada en polvo
Sal y pimienta al gusto

PREPARACIÓN:

1. Lava las patatas y ponlas a hervir en agua con sal con todo y cáscara.
2. Cuando las patatas estén cocidas, pélalas y machácalas como para hacer puré.
3. Corta el ajo y machácalo; corta el perejil, coloca ambos en un plato hondo y mézclalos con la carne cruda.
4. Agrega los huevos, la nuez moscada y el queso parmesano.
5. Agrega las patatas y mezcla todo muy bien hasta que quede homogéneo.
6. Ponte harina en las manos para que no se pegue la mezcla y comienza a hacer "huevitos" de patata con las manos (cúbrelos con harina por todos sus lados).
7. En una sartén pon aceite de girasol y mantequilla a calentar a fuego alto.
8. Fríe los "huevitos" de patata girándolos con un tenedor para que no se peguen.
9. En un plato pon servilletas de papel para que cuando estén fritos, los vayas poniendo encima y absorban el aceite.

Las croquetas son las favoritas de mi marido y de mis hijas.

Estufado de carne

INGREDIENTES:

00 g de carne de ternera
00 g de carne de cerdo
cebollas
zanahorias
tallos de apio
00 g de puré de tomate
00 ml de vino rojo o blanco
ceite de oliva extra virgen
Harina tipo 00 al gusto
00 ml de caldo
cucharada de mantequilla
ramito de perejil fresco
al y pimienta al gusto

PREPARACIÓN:

. Lava el apio y la zanahoria; pela la zanahoria.

. Corta la carne en trocitos (si la compras ya cortada es mejor), corta la cebolla, el apio
la zanahoria en trozos no tan pequeños.

. En una sartén grande pon a calentar aceite de oliva extra virgen y mantequilla.

. Pasa la carne por la harina poniéndole sal.

. Pon la carne a freír en la sartén caliente a fuego alto.

. En otra sartén pon aceite de oliva extra virgen y mantequilla a calentar y agrega la
cebolla, el apio y la zanahoria para que se cuezan a fuego medio; agrega sal y pimienta.

. Cuando la carne esté dorada, agrega el vino y deja que se evapore.

. Junta la carne con las verduras y agrega el puré de tomate.

. Fíjate bien como está la consistencia antes de agregar el caldo porque así tiene que
quedar al final.

0. Agrega el caldo casi hasta cubrir la carne y deja que hierva; después baja a fuego
ento hasta que se evapore el agua.

1. Cuando esté listo comprueba que la carne se pueda deshacer cuando la pinchas con
l tenedor.

2. Si la carne no está lista, añade un poco más de caldo hasta que adquiera la
onsistencia deseada; comprueba si le falta sal y pimienta.

3. Sirve en un plato y decora con un poco de perejil finamente picado.

Si quieres le puedes agregar patatas o pimientos cociéndolos junto con la cebolla,
el apio y las zanahorias.

Roast Beef

PARA 6 PERSONAS
TIEMPO DE PREPARACIÓN 30 MINUTOS.

INGREDIENTES:

1 cebolla
3 tallos de apio
1 zanahoria grande
1 kilo de lomo de ternera
2 ramitos de romero fresco
2 ramitos de laurel fresco
100 ml de vino tinto
Aceite de oliva extra virgen
Hilo de cocina
Sal y pimienta al gusto

PREPARACIÓN:

1. Ata el lomo con los ramitos de rosmarino y de laurel con el hilo de cocina.
2. Ponle sal y pimienta por todos sus lados.
3. Lava la cebolla, el apio y la zanahoria y córtalos en trozos grandes.
4. En una olla pequeña donde quepa el lomo, pon a calentar aceite de oliva extra virgen a fuego alto.
5. Mete el lomo para que se dore girándolo por todos sus lados; añade el vino tinto y deja que se evapore.
6. Cuando el lomo esté dorado, añade las verduras y deja que adquieran color (a fuego alto).
7. Cuando las verduras estén cocidas, apaga el fuego y tapa la olla; deja que el lomo se termine de cocer por unos 10 minutos.
8. Saca el lomo y córtalo. (Con las verduras puedes hacer una salsa muy rica moliéndolas en la licuadora).
9. Sirve y añade el jugo que quedó en la olla.

Berenjenas a la parmesana

INGREDIENTES:

1 cebolla pequeña
6 berenjenas grandes
2 dientes de ajo
1 litro ½ de puré de tomate
Aceite de oliva extra virgen
200 g de parmesano rallado
6 hojas de albahaca fresca
1 kilo de queso mozarela rallado
Sal gruesa
Sal y pimienta al gusto

PREPARACIÓN:

1. Lava las berenjenas y córtalas en rebanadas hacia lo largo.
2. Coloca las berenjenas en rebanadas en un molde para horno cubriéndolas de sal gorda; déjalas reposar por 1 hora (así sudan un líquido amargo).
3. Para hacer la salsa, corta el ajo y la cebolla en trocitos pequeñitos.
4. En una olla pon aceite de oliva extra virgen a calentar a fuego medio; agrega la cebolla, el ajo y deja que se fríen.
5. Agrega el puré de tomate, la sal, algunas hojas de albahaca y deja que la salsa hierva hasta que se cueza; apaga el fuego.
6. Pasada 1 hora seca las berenjenas con un papel absorbente de cocina para quitarles el agua restante.
7. En una sartén pon a calentar aceite de oliva extra virgen.
8. Fríe las berenjenas hasta que se doren; ponlas sobre un papel absorbente para eliminar el aceite.
9. Enciende el horno a 200° C ventilado.
10. En un molde para horno pon un poco de aceite de oliva extra virgen y un poco de la salsa de tomate (vas a hacer una especie de lasaña).
11. Coloca las berenjenas formando una capa horizontal, cúbrelas con un poco de salsa, espolvorea queso parmesano y sobre éste el queso mozarela
12. Continúa formando mínimo tres capas o hasta que se acaben los ingredientes poniendo berenjenas, salsa de tomate, queso parmesano y mozarela.
13. Termina la última capa con salsa y mucho parmesano.
14. Mete las berenjenas al horno por 40 minutos hasta que se cuezan y se dore y gratine el queso.
15. Sácalas del horno y córtalas en 6 porciones.
16. Sirve las berenjenas ya sea bien calientes o a temperatura ambiente y agrega queso parmesano.

Calamares fritos a la romana en salsa tártara

PARA 4 O 6 PERSONAS
TIEMPO DE PREPARACIÓN 30 MINUTOS.

INGREDIENTES:

1 kilo de anillos de calamares frescos
3 huevos
3 cucharadas de leche
Harina tipo 00 al gusto
Pan rallado seco al gusto
Aceite de girasol para freír
Salsa tártara al gusto (ver receta)

PREPARACIÓN:

1. Lava los calamares con agua.
2. Prepara la salsa tártara.
3. En un plato hondo pon leche y huevo, mézclalos muy bien.
4. Toma los anillos de calamares y sumérgelos en el plato de leche.
5. En otro plato hondo pon la harina y el pan rallado, mézclalos muy bien.
6. Toma los calamares y colócalos en el plato de la harina para empanizarlos.
7. Coloca uno por uno en un plato y déjalos reposar por 10 minutos antes de freír.
8. En una sartén pon bastante aceite de girasol y comienza a freír los calamares (pocos a la vez); gíralos con un tenedor hasta que estén dorados.
9. Saca los calamares dorados y ponlos en un plato con papel de cocina para que absorba el aceite.
10. Sírvelos calientes con salsa tártara y limón.

Lomo de cerdo en salsa de leche

PARA 6 PERSONAS
TIEMPO DE PREPARACIÓN 1 HORA Y 30 MINUTOS.

INGREDIENTES:

1 kilo de lomo de cerdo
1 litro de leche
1 cucharada de mantequilla
Aceite de oliva extra virgen
100 ml de vino blanco
1 ramito de romero fresco
1 ramito de laurel fresco
Hilo para cocinar
2 dientes de ajo
Crema o nata líquida (opcional).
Sal y pimienta al gusto

PREPARACIÓN:

1. Con un cuchillo pincha el lomo de cerdo y le metes los dientes de ajo cortados por la mitad en donde pinchaste; ponle sal y pimienta por todos sus lados para condimentar.
2. Ata el lomo junto con el romero y el laurel con el hilo para cocinar.
3. En una olla en donde el lomo quepa apenas justo, pon a calentar aceite de oliva extra virgen y mantequilla a fuego alto.
4. Pon el lomo a dorar por todos sus lados.
5. Cuando esté dorado agrega el vino y deja que se evapore.
6. Agrega la leche hasta que el lomo quede cubierto; deja que hierva la leche lentamente hasta que se consuma formando una crema densa y baja el fuego.
7. Corta el lomo en rebanadas.
8. Si quieres que la crema no sea grumosa, licúala con un poco de leche o nata líquida (así te queda una crema suave).
9. Sirve el lomo y agrega la crema.

Le puedes agregar cebolla picada al momento de cocer la leche.
Si no quieres cocer el lomo con leche puedes utilizar agua siguiendo el mismo procedimiento.

Mejillones a la livornesa

PARA 6 PERSONAS
TIEMPO DE PREPARACIÓN 25 MINUTOS.

INGREDIENTES:

kilos de mejillones con concha
kilo de tomate
ramito de perejil fresco
dientes de ajo
hile piquín seco
00 ml de vino blanco
ceite de oliva extra virgen
00 ml de caldo de pescado
kilo de pan tipo toscano tostado
al y pimienta al gusto

PREPARACIÓN:

. Lava muy bien los mejillones con agua.
. En una sartén pon a calentar el aceite de oliva extra virgen a fuego lento.
. Agrega el chile piquín en trocitos.
. Agrega el ajo picadito, no dejes que se dore.
. Agrega el perejil picadito, sal y pimienta.
. Agrega el tomate cortado en trocitos pequeñitos y mezcla.
. Agrega el caldo de pescado, tapa y espera unos 15 minutos.
. Ya que la salsa esté cocida, agrega los mejillones limpios; mezcla y tapa.
. Los mejillones se tienen que cocer en la salsa de tomate.
0. Corta el pan en rebanadas, las tuestas y les untas ajo.
1. Cuando los mejillones estén abiertos y cocidos, añade el vino, aumenta el fuego y
eja que se evapore un poco.
2. Apaga el fuego.
3. Sirve en un plato hondo con 2 rebanadas de pan tostado con ajo y decora con un
oco de perejil.

Ensalada de pulpo con patatas

PARA 4 PERSONAS
TIEMPO DE PREPARACIÓN 1 HORA Y 30 MINUTOS

INGREDIENTES:

1 kilo de pulpo
1 kilo de patatas grandes
1 ramito de perejil fresco
2 dientes de ajo
1 limón
Aceite de oliva extra virgen
Sal y pimienta al gusto

PREPARACIÓN:

1. En una olla pon a hervir agua con sal; mete a cocer el pulpo.
2. Para que el pulpo quede tierno, una vez que esté cocido, apaga el fuego y déjalo enfriar en la misma agua; cuando necesites el pulpo, vuelve a encender el fuego de manera que vuelva a hervir el agua con el pulpo adentro (así se le rompen todas sus fibras y éste se vuelve tiernísimo).
3. El pulpo tiene que estar cocido de antemano, es decir, si lo quieres para la noche lo tienes que cocer en la mañana.
4. Saca el pulpo del agua y en esa misma agua mete a cocer las patatas para que agarren sabor.
5. Cuando las patatas estén cocidas, espera que se enfríen y les quitas la cáscara.
6. Corta el pulpo y las patatas en trozos medianos y las pones en un plato hondo.
7. Corta el perejil en trocitos y se lo agregas.
8. Machaca los dientes de ajo y agrégalos a las patatas y al pulpo; mezcla.
9. Aliña con aceite de oliva extra virgen, limón, sal y pimienta.
10. Sirve caliente o frío.

Higaditos de pollo y salvia

PARA 6 PERSONAS
TIEMPO DE PREPARACIÓN 40 MINUTOS.

INGREDIENTES:

600 g de higaditos de pollo
Harina tipo 00 al gusto
Aceite de oliva extra virgen
1 cucharada de mantequilla
1 diente de ajo
100 ml de vino blanco
1 ramito de salvia fresca
Sal y pimienta al gusto

PREPARACIÓN:

1. Lava los higaditos de pollo con agua.
2. En una sartén pon aceite de oliva extra virgen y mantequilla a calentar.
3. En un plato pon un poco de harina, coge los higaditos y los pasas sobre la harina por todos sus lados y los pones a freír a fuego alto en el aceite de oliva extra virgen (agrega sal al gusto).
4. Añade el ajo, la salvia, sal y pimienta.
5. Cuando estén dorados por todos sus lados, añade el vino y deja que se evapore.
6. Baja el fuego y tapa la sartén hasta que estén listos.
7. Sirve y decora con unas hojitas de salvia.

Chícharos con jamón o tocino

PARA 4 PERSONAS
TIEMPO DE PREPARACIÓN 15 MINUTOS.

NGREDIENTES:

)0 g de chícharos cocidos
)0 g de jamón cocido o tocino ahumado en cuadritos
cebollas pequeñas
tomates pequeños
)0 ml de caldo de carne o de verduras
ceite de oliva extra virgen
al y pimienta al gusto

REPARACIÓN:

. Corta las cebollas y el jamón o tocino en cuadritos.
. En una sartén grande pon un poco de aceite de oliva extra virgen a calentar.
. Mete la cebolla a dorar.
. Agrega el jamón o el tocino en cuadritos a que se dore un poquito.
. Agrega los chícharos, el tomate y el caldo; mezcla.
. Agrega un poco de sal y de pimienta, mezcla.
. Cuando los chícharos estén cocidos, sirve.

¡Una guarnición perfecta para cualquier platillo!

Licores

Los licores hechos en casa se sirven como digestivo al final de la comida o para acompañar el postre, son fáciles de preparar y te permiten disfrutar un producto genuino y placentero.

Limonchelo

Me encanta el limonchelo hecho en casa, sobre todo en verano que hace mucho calor y lo bebes fresco (tienes que estar seguro que los limones no fueron tratados con pesticidas y fertilizantes químicos); te recomiendo usar limones orgánicos.

INGREDIENTES:

10 limones grandes amarillos
600 g o 700 g de azúcar
1 litro de alcohol de 90 grados
1 litro de agua

PREPARACIÓN:

1. Lava y seca los limones.
2. En un frasco grande de vidrio vierte el alcohol.
3. Pela los limones quitándoles la cáscara y teniendo cuidado de no tocar la parte blanca del limón.
4. Mete las cáscaras en el frasco de alcohol, tapa y deja que reposen por 7 días.
5. Al pasar los días, las cáscaras se volverán blancas y el alcohol amarillo.
6. Pasados los 7 días, prepara un jarabe poniendo el agua a calentar en una olla a fuego lento, agrégale el azúcar y mezcla hasta que se disuelva.
7. Espera a que se enfríe el agua y después la mezclas con el alcohol.
8. Cuela el limonchelo para quitarle las cáscaras.
9. Vierte el limonchelo en una botella de vidrio y métela en el refrigerador.
10. El limonchelo se bebe bien frío (sabe más rico) y lo puedes meter también en el congelador porque el alcohol no se congela.

Licor de café

INGREDIENTES:

7 tacitas de café expreso
450 g de azúcar
300 ml de alcohol de 90 grados o ron
Esencia de vainilla al gusto ˜

PREPARACIÓN:

1. En una botella de vidrio vierte el café recién hecho.
2. Añade el azúcar y mezcla hasta que se disuelva.
3. Agrega el alcohol y la vainilla.
4. Mezcla muy bien, cierra la botella y métela a refrigerar.
5. Cuando esté bien frio está listo para beber.

Dulces o Postres

Los dulces (postres) son mi pasión en la cocina; son probablemente con los que se puede dar más vuelo a la creatividad al prepararlos y presentarlos.

No hay nada mejor que los postres hechos en casa por su exquisito sabor y aroma, aparte de ser más saludables y libres de conservadores.

Cocinar y comer un postre hecho en casa es muy gratificante ya que aunque hayas comido mucho y te sientas satisfecho, siempre hay un lugarcito para lo dulce.

Tiramisú

PARA 6 PERSONAS
TIEMPO DE PREPARACIÓN 30 MINUTOS.

INGREDIENTES:

500 g de queso mascarpone
150 g de azúcar
5 huevos
12 tacitas de café expreso
300 g de bizcochos de soletilla o vainillas
100 ml de coñac o de otro licor (opcional)
125 g de chocolate amargo en polvo
125 g de chocolate dulce rallado

PREPARACIÓN:

1. Separa las claras de las yemas.
2. Bate las claras a punto de nieve o de turrón.
3. Mezcla las yemas con el azúcar formando una crema.
4. Con una cuchara mezcla suavemente el queso mascarpone con las claras batidas.
5. Agrega las yemas mezclando con suavidad.
6. En un plato hondo vierte el café y el coñac para remojar los bizcochos.
7. Remoja los bizcochos en el café y colócalos en un molde formando una capa; cubre los bizcochos con la crema y el chocolate en polvo.
8. Repite el proceso tres veces terminando con la crema y el chocolate en polvo.
9. Mételo a refrigerar por lo menos dos horas para que repose y después sírvelo recién sacado del refrigerador.
10. Puedes espolvorear chocolate rallado o añadir fresas.

Crostata o tarta de frutas

INGREDIENTES:

*Para la masa:
500 g de harina tipo 00
130 g de azúcar
125 g de mantequilla
2 huevos
1 puntita de sal
*Relleno:
Fruta fresca: kiwi, fresa, piña, melocotón, uva, zarzamora, plátano, higos o la fruta que más te guste para decorar
1 litro de crema pastelera (ver receta)
1 sobre de gelatina transparente o grenetina (opcional)

PREPARACIÓN:

1. En un plato hondo mete la harina, la mantequilla cortada en cuadritos, el azúcar y un poquito de sal.
2. Amasa rápidamente con las manos o con un robot de cocina hasta que la masa se vuelva homogénea.
3. Cuando la masa esté lista, ponla en una bolsa de plástico y métela en el refrigerador a reposar por media hora.
4. Prepara la crema pastelera (ver receta).
5. Enciende el horno a 180° C ventilado.
6. Unta de mantequilla un molde para tarta.
7. Saca la masa del refrigerador y extiéndela con un rodillo sobre una superficie plana y con un poco de harina para que no se pegue.
8. Pon la masa sobre el molde para tarta, dobla los bordes y pica con un tenedor toda la masa.
9. Corta un cuadrado de aluminio o de papel para hornear más grande que el molde, ponlo sobre la masa y vierte frijoles secos o arroz sin cocer para hacer peso (así la masa no se infla a la hora de cocer).
10. Cuando el horno esté caliente, mete la masa a cocer por media hora hasta que esté un poco dorada.
11. Cuando la masa esté lista, sácala del horno, agrega la crema pastelera y sobre ésta la fruta cortada que hayas elegido (puedes utilizar varias para decorar).

12. Si la crostata se come el mismo dia, no le agregues la grenetina.

13. Si la quieres conservar por varios días utiliza la grenetina; prepárala disolviéndola con agua caliente y azúcar glas, mezclándola continuamente a fuego lento o como esté indicado en el sobre.

14. Cuando la grenetina esté lista la echas homogéneamente sobre la fruta ya decorada (así logras que se conserve por más tiempo).

15. Espera a que enfríe y sirve esta tarta maravillosa.

Crema pastelera

INGREDIENTES: PARA 1 LITRO

250 g de azúcar
8 yemas de huevo
50 g de harina tipo 00
50 g de maizena
1 bolsita de vainilla, limón rallado o la esencia que prefieras
1 litro de leche (de preferencia entera)

PREPARACIÓN:

1. En una olla pon a calentar la leche a fuego lento.
2. En otra olla, mete las yemas y el azúcar; mezcla perfectamente sin encender el fuego.
3. Agrega a la olla de las yemas, la harina cernida y la maizena uniendo los ingredientes y mezclándolos perfectamente.
4. Agrega un cucharón de leche caliente y sin dejar de mezclar con una cuchara para que no se formen grumos.
5. Pon la olla a calentar a fuego lento con los demás ingredientes mezclando continuamente con una cuchara de madera, poco a poco agrega la leche caliente y continúa mezclando.
6. Agrega la esencia de vainilla o lo que hayas elegido y mezcla.
7. Sube a fuego medio para que hierva y continúa mezclando.
8. Cuando la crema comience a hervir, baja a fuego lento y continúa mezclando hasta que llegue a la consistencia deseada.
9. Apaga el fuego y deja que se enfríe.
10. Está lista para servir.

Se le puede añadir esencia de limón, naranja, chocolate en polvo amargo o azucarado, coñac o lo que sea dependiendo de tu imaginación.

Cheese Cake de ricota con piñones

PARA 8 O 10 PERSONAS
TIEMPO DE PREPARACIÓN 2 HORAS.

INGREDIENTES:

PARA LA BASE
00 g de galletas rústicas o marías
taza de mantequilla derretida
cucharadita de canela
taza de azúcar (blanca o morena)

PARA EL RELLENO
huevos
taza de azúcar
00 g de queso ricota
taza de crema repostera o nata líquida dulce
taza de harina tipo 00
cucharadita de vainilla
bolsita de piñones o de chispas de chocolate

PREPARACIÓN:

. Calienta el horno a 170°C ventilado.
. Machaca las galletas y mételas en un plato hondo.
. Mezcla la mantequilla, la canela y el azúcar con las galletas.
. En un molde de pastel (de preferencia de los que se abren por un lado) extiende la masa por todos sus lados presionando con los dedos para que quede bien compacta, si te sobra no la tires para poder cubrir después el relleno.
. En un plato hondo mezcla los ingredientes del relleno en este orden: huevos, azúcar, queso ricota, crema repostera, harina y vainilla hasta que queden completamente homogéneos.
. Agrega los piñones y mezcla.
. Vierte el relleno en el molde.
. Si deseas cubre el relleno con la masa de galleta sobrante.
. Mete el pastel en el horno por 1 hora y 15 minutos.
10. Verifica que el pastel esté cocido (pínchalo con un palito).
11. Cuando esté listo, apaga el horno y no saques el pastel.
12. Déjalo enfriar dentro del horno y NO lo saques del molde hasta que se enfríe.
13. Cuando se enfríe sácalo del molde y sirve.

En vez de los piñones puedes agregar chispas de chocolate.

Pan Toscano

INGREDIENTES:

1 kilo de harina tipo 00
25 g de levadura de cerveza
500 ml de agua tibia
1 cucharadita de sal

PREPARACIÓN:

1. Disuelve la levadura de cerveza en un poco de agua tibia.
2. Vierte la harina en una superficie plana y con las manos le das la forma de un volcán.
3. En el centro del volcán añade poco a poco el agua con la levadura disuelta y el agua tibia.
4. Agrega un poco de sal y comienza a amasar con las manos hasta obtener una masa homogénea casi pegajosa. Si tienes un robot para amasar lo puedes utilizar).
5. Cuando veas que la masa está lista, métela dentro un plato hondo y cúbrela con un trapo húmedo; ponla en un lugar calientito (por ejemplo dentro del horno con la luz prendida pero con el horno apagado, nunca en el refrigerador).
6. La dejas reposar por 4 o 5 horas para que "monte" la masa.
7. Cuando está lista, toma la masa y dale la forma que quieras (el pan toscano tiene una forma larga).
8. Deja que la masa "monte" por otras 2 horas cubriéndola con un trapo húmedo.
9. Enciende el horno sin ventilar a 180° C (si no se seca el pan) y espera a que se caliente.
10. Pon la masa sobre una bandeja antiadherente y métela en el horno caliente a cocer por 45 minutos a 1 hora.
11. Puedes verificar si está cocida pinchando el pan con un palito.
12. Saca el pan del horno y espera a que enfríe para servir.

Cuanto más tiempo dejes "montar" (elevar) la masa,
mejor sabor tiene (de 7 a 8 horas de preferencia).

Pastel la Sbricholona

PARA 8 O 10 PERSONAS
TIEMPO DE PREPARACIÓN 1 HORA Y 30 MINUTOS.

INGREDIENTES:

300 g de harina tipo 00
150 g de azúcar
1 huevo
½ bolsita de levadura en polvo
100 g de mantequilla
1 litro de crema pastelera (ver receta)

PREPARACIÓN:

1. Enciende el horno a 180° C ventilado.
2. En un plato hondo mezcla la harina, el azúcar y la levadura en polvo.
3. Agrega el huevo y la mantequilla; mezcla.
4. La masa no queda uniforme queda grumulosa; divídela en 2 partes, una para la base y otra para cubrir la crema pastelera.
5. Unta de mantequilla un molde para tarta.
6. Con las manos toma la masa, colocála en el molde y presiona firmemente con los dedos y las palmas para que la masa se compacte y se adhiera al molde por todos sus lados.
7. Prepara la crema pastelera como en la receta del libro y déjala enfriar.
8. Agrega la crema pastelera en el molde.
9. Encima de la crema pastelera agrega la masa sobrante cubriéndola toda.
10. Hornea de 20 a 30 minutos.
11. Verifica si el pastel está listo pinchándolo con un palito.
12. Cuando esté listo, sácalo del horno, espera a que se enfrié y sirve.

Le puedes agregar chocolate, nutela y piñones.